한국인의

서로돌봄

사랑과 섬김의 실천

한국인의

서로돌봄

사랑과 섬김의 실천

Reciprocal Care and Support with
Love and Respect among Koreans

성규탁 지음

우리 겨레는 일상생활에서 아랫사람은 윗사람을 공경하고 윗사람은 아랫사람에게 인자함을 베풀어 서로 돌보는 도리를 문화적 가치로 오랜 세대에 걸쳐 실행해왔다. 이와 같은 세대 간의 서로 돌보는 관계는 효(孝)가 뜻하는 바와 같은 것이다[이하 서로 돌보는 것을 '서로 돌봄'이라고 부름].

우리가 물려받은 이 문화적 가치를 다시 밝혀 새 시대의 생활환경에 맞는 방법으로 실현함으로써 자녀와 부모, 젊은 사람과 어른이 서로 사랑하고 돌보는 가족 및 사회관계를 발전시켜야 할 과제가 앞에 놓여 있다.

산업화와 도시화에 따른 생활방식의 변화, 가족원 수의 감소, 따로 사는 자녀의 증가 등 사회변동 때문에 우리의 생활방식이 달라져 왔다.

이런 변화과정에서 우리의 서로 돌보는 관습은 어떻게 달라지고 있는가? 그리고 앞으로 어떤 방향으로 서로 돌보아 나가야 할 것인가?

이 질문에 대한 답을 얻으려고 10,000여 명의 성인 자녀와 노부모를 대상으로 우리 사회와 이웃 나라(중국, 일본)와 미국에서 실천되고 있는 '서로 돌봄'에 관한 자료를 여러 차례의 사회조사를 통해서 수집해왔다. 이 책의 주요 내용은 이 조사 결과를 종합해서 논의한 것이다.

제1부 '방향: 서로 돌봄—넓은 사랑의 실현'에서는 사람을 돌본다는 것은 곧 인(仁, 인간애)의 실행으로서 부모와 자녀 그리고 나와 이웃이 서로 돌보는 관계를 이루는 이념적 바탕이며, 돌봄은 물질적인 면만이 아니라 정서적인 면도 갖추어야 하는 데 대하여 논의한다.

제2부 '실천: 변하는 돌봄 방식'에서는 가족의 변화에 따라 부모와 가족원을 돌보는 방식도 달라지고 있고, 특히 부모와 자녀가 따로 사는 사례가 늘어나 많은 가족원이 서로 돌보는 데 어려움을 겪고 있으며 고령자가 필요로 하는 돌봄, 특히 이분들이 위기에 처해 있을 때 제공할 도움을 제시하고, 이런 과제에 대응해서 가족 바깥의 사회적 지원망과 사회복지 서비스를 활용하는 방안과 실천 사례에 대해서 논의한다.

제3부 '이념: 이어지는 전통'에서는 가족 안팎에서 변화가 일어나고 있지만, 우리는 끈질기게 가족 중심적 성향을 간직하고 있으며, 서로 돌봄은 여전히 한국인의 가치로써 실행되고 있음을 경험적 자료를 바탕으로 지적하고, 우리의 문화적 맥락에서 서로 돌봄의 전통적 뜻을 살펴본다. 이어 저자가 찾아낸 효의 대표적 표현인 부모를 존경하는 구체적인 방식을 소개한다.

서로 돌봄은 일방적으로 행하는 것이 아니라 부모와 자녀, 나와 이웃이 서로 보살핌을 주고받는 양방향적인 관계 속에서 이루어진다. 이 돌봄의 바탕은 인간애(사람에 대한 사랑), 즉 인의 가치이다.

가족을 비롯한 이웃과 사회가 서로 돌보는 공동사회를 이루는 시대적 흐름이 현저해졌다. 이 흐름의 줄기는 권위주의적이고 일방적인 인간관계로부터 남녀노소가 서로 사랑하며 돌보는 인간관계를 중요시하는 가치이다.

서로 돌보는 관계에서는 고령자도 젊은 사람과의 관계를 조정할 필요가 있다. 새로운 '노인의 상'을 제시하자는 것이다. 새 노인상을 형성하기 위해 고령자는 적어도 다음과 같은 행동은 해야 할 것으로 본다. 젊은 사람의 인격과 자유를 존중하고, 책임성 있는 부모와 윗사람이 되고, 젊은 사람과 조화로운 관계를 유지하고, 이들로부터 받은 도움에 감사하고, 이들에게 애정을 표시하고, 이들이 가지는 어려움에 동정하고, 이들을 보살피고, 지원해나가는 것이다.

우리의 문화적 가치인 서로 돌봄-효가 뜻하는 바를 다음 세대가 가족과 사회의 안정과 복리를 이룩하는 문화적 힘으로 이어가기를 바란다.

이 책이 다루고 있는 우리가 추구하는 서로 돌봄과 국가가 개발하는 사회보장이 합성하여 한국적 사회복지를 이룩하는 데 도움이 되기를 바란다.

2012년 12월
사회복지법인 자광재단 효문화연구소
대표 성규탁

목 차

:: 머리말 · 5

제1부 방향: 서로 돌봄 – 넓은 사랑의 실현

제1장 서로 돌봄 – 주고받는 관계   13

제2장 은혜에 대한 감사와 의무   35

제3장 서로 의존하며 돌보는 세대   44

제4장 서로 섬기는 세대   59

제5장 내면적 돌봄과 외면적 돌봄   83

제6장 서로 섬김의 예절   95

제2부 실천: 변하는 돌봄 방식

제7장 변하는 가족과 돌봄   105

제8장 별거하는 자녀와 돌봄   117

제9장 별거와 서로 돌봄 – 사례   132

제10장 고령자가 필요로 하는 돌봄   151

제11장 위급할 때의 돌봄   170

제12장 돌봄을 위한 사회적 지원망   186

제13장 돌봄을 위한 사회복지서비스   202

제3부 이념: 이어지는 전통

제14장 부모 돌봄의 전통적 뜻과 실천   217

제15장 부모를 돌보는 이유: 전통적 가치   229

제16장 존경의 전통적·현대적 표현   236

제17장 전통적 가족 중심의 호혜적 성향   246

제18장 공통적 돌봄의 관행—동아시아 사람들의 특성   258

:: 맺음말 · 264

:: 참고문헌 · 271

:: 찾아보기 · 281

孝♥仁

제1부

방향: 서로 돌봄–
넓은 사랑의 실현

새 시대의 '서로 돌봄'은 부모와 자녀를 포함한 가족원들, 이웃의 어른과 젊은 사람 그리고 내가 속하는 사회공동체의 성원들 모두가 서로 사랑하고 돌보는 호혜적(互惠的, 서로 혜택을 주고받는) 가치이고 행동이다. 이런 서로 돌봄은 부모와 자녀 그리고 이웃과 사회사람들과의 넓은 사랑의 실현을 기본가치로 하는 효(孝)와 같은 뜻과 행동을 담고 있다.

이와 같은 서로 돌봄의 가치를 존중하여 나와 다른 사람과의 호혜적 관계를 바탕으로 하는 새 시대에 알맞은 서로 돌봄 방식을 찾아 실행할 필요성이 커지고 있다.

제1부에서는 부모와 자녀 사이의 서로 돌봄의 윤리 도덕적 특성, 서로 돌봄의 바탕이 되는 호혜적 관계, 가족에서 시작하여 공동사회 성원들에게 널리 적용되는 서로 돌봄을 살펴본다. 이어 한국문화의 맥락에서 서로 돌봄의 가치, 돌봄의 기본이 되는 섬김, 은혜에 대한 감사로써의 섬김, 서로 돌봄에 따르는 책임과 의무, 노소세대가 서로 의존하며 실행하는 서로 돌봄, 돌봄의 내면적(정서적) 면과 외면적(수단적·물질적) 면의 종합적 실행 등 일상생활 속에서 서로 돌보는 데 있어 지켜야 할 원칙에 대해 논의한다.

제1장 서로 돌봄 – 주고받는 관계

:: '서로 돌봄'

우리가 일상생활에서 지켜야 할 윤리(옳고 그른 행동에 대한 원칙)는 사람을 사랑하고 존중하는 전통적 가치(價値, values: 귀중하다 또는 값있다고 믿는 것)에 뿌리를 두고 있다. 단군신화의 홍익인간(弘益人間) 이념에서 시발하여 근대 동학(東學)의 인내천(人乃天) 사상에 이르기까지 줄곧 사람을 중히 여기고 생명을 존중하는 인간중시문화(人間重視文化)의 줄기찬 역사적 흐름이 이어진다(최문형, 2004; 역사학회, 2000; 이기백, 1999; 박수명·이석재·장현오·조남욱, 1995: 30; 손인주, 1992).

사람에 대한 사랑을 뜻하는 인(仁)은 이러한 사상의 흐름과 합쳐 인간애(人間愛)를 중요시하는 우리의 문화적 가치를 뒷받침해 왔다. 인은 한국을 비롯한 중국, 일본 등 동아시아 나라 사람의 도덕심의 바탕을 이루는 문화적 가치이다.

인(仁)의 가장 분명하고 보편적인 뜻은 '사람을 사랑하는 것'이다(논어, 12, 안연 22; 맹자, 이루장구 上). 인은 부모에게 효도하고 형제자매에게 우애로울 뿐만 아니라 나의 가족이 아닌 사람들도 널리 사랑하는 가치이다(논어, 1, 학이 2, 6). 사랑하는 범위가 이처럼 확대되어 넓은 사랑을 뜻한다.

이 가치를 신봉하며 나를 둘러싸고 있는 사람들로부터 우의적으로 인증을 받아 나를 실현하고 나아가 이들과 자발적으로 서로 돌보는 호혜적 관계를 이룩해나가는 것이다(맹자, 양해왕장구 상 7; 논어, 이인 25, 옹야 3, 28, 자한 7, 안연 5, 22; 동금유, 2010; Tu, 1995; 김낙진, 2004; Nodding, 1984).

공자의 이상(理想)은 인을 실현하는 것인데, 인의 으뜸가는 실행은 '효'라고 했다(동금유, 2010; 김낙진, 2004; 논어, 학이편 1: 2).

인의 실행으로서 효의 가치는 한국인의 도의심과 가정윤리의 바탕을 이루었으며 우리의 가족 중심적 생활양식의 사소한 부분에 이르기까지 영향을 미쳐 왔다(박종홍, 1960; 채무송, 1985; 지교헌, 1988: 307~310; 류승국, 1995; 최근덕, 1995; 박수명·이석재·장현오·조남욱, 1995: 27~57; 박재간, 1998; 송복, 1999; 신용하, 2004).

우리의 전통적 가정윤리의 기틀을 제시한 대표적인 유학자로서 퇴계(李退溪: 滉)와 율곡(李栗谷: 珥)을 들 수 있다.

퇴계는 경장자유(敬長慈幼: 아랫사람은 윗사람을 공경하고 윗사람은 아랫사람에게 인자하게 베풀음)를 가르쳤다.

퇴계는 이어 다음과 같이 말했다.

"부모가 자녀를 사랑하는 것은 자(慈, 인자함)이며 자녀가 부모를 섬기는 것은 효(孝)이니 효와 자의 도는 천성(天性)에서 나온다 (채무송, 1985: 310)."

율곡도 다음과 같이 말했다.

"남의 아버지는 그의 자녀를 사랑할 것이요, 자녀는 그의 부모를 마땅히 섬겨야 한다"(율곡전서, 권27, 격몽요결).

위의 두 거유(巨儒, 대유학자)의 말은 부모 자녀 간의 '서로 돌보는' 기본 도리를 매우 분명히 가르쳐주는 명언(名言)이다. 우리 조상들은 이 명언을 교훈 삼아 여러 세대에 걸쳐 세대관계와 가정생활을 이끌어 왔다.

위의 우리나라 대유학자들의 말에 보태어 공자의 수제자인 맹자의 다음 말을 들어보고자 한다. 이 말은 세대 간의 서로 돌봄을 더 구체적으로 설명한 것이다(맹자, 만장장구하 3).

"아랫사람이 윗사람을 공경하는 것은 귀귀(貴貴)이고 윗사람이 아랫사람을 공경하는 것은 존현(尊賢)이다. 그 뜻은 다 같은 것이다."

이 명언은 윗사람을 섬기는 것이나 아랫사람을 섬기는 것은 그 뜻이 다 같다, 즉 그 중요성이 같다는 말이다. 아울러 이 말은 노소세대 간의 서로 돌봄이 귀중함을 지적하고 있다.

위의 선현(先賢)들의 말은 자녀와 부모 사이의 서로 돌봄의 도리와 의무를 가르치고 있다. 즉, 부모는 자녀에게 사랑으로 돌보아야 하고 자녀는 부모가 베푸는 사랑에 보답해야 한다는 것이다.

위의 유학자들은 효의 실행은 부모와 자녀 간의 서로 돌봄이며 이는 자연적이고도 당연한 도리임을 분명히 해주었다.

나아가 효의 이념적 바탕인 인은 가족 내의 어른과 친족을 공경하듯(親親) 다른 가족에 속하는 사람도 공경하는(仁民) 넓은 '서로 돌봄'으로 확대됨을 가르치고 있다(효경, 2; 동금유, 2010).

위와 같은 서로 돌봄의 뜻을 따라 이 책에서는

*"'서로 돌봄'은 가족을 포함한 이웃과 사회의 성원들, 어른과 윗사람만이 아니라 젊은 사람과 아랫사람, 그리고 내가 속하는 그룹만이 아니라 사회공동체의 모든 사람을 공평하게 사랑하고 섬기는 호혜적 행동으로 이끄는 가치이며 행동"*이라고 본다.

[돌봄의 구체적 방법과 실례에 대해서 제2부 실천: 변하는 돌봄 방식(제7~13장)에서 논의함.]

:: 부모의 은혜와 자녀의 의무

퇴계는 "효는 백행(百行, 사람이 행하는 모든 행동)의 근본이고 인간생활의 지도원리"라고 했다(채무송, 1985; 박종홍, 1960). 율곡도 "효는 사람의 모든 행동 가운데 으뜸이 되며(百行之首) 가정을 바로잡는 길(正家之道)이다"라고 했다(채무송, 1985; 이종호, 1994). 그는 올바른 사람을 기르는 데는 효를 가르치는 것이 가장 중요하다 했다.

부모에게 효도하는 이유로서 다음의 두 가지를 들고 있다(명심보감, 효행편).

첫째는 나를 *낳아주신(생산, 生產)* 은혜 때문이고,

둘째는 나를 *길러주신(양육, 養育)* 은혜 때문이다.

효경(孝經)에는 부모 돌봄의 시작은 부모가 낳아주신 신체와 머리털 및 피부를 상하게 하지 않는 것이라고 했다(효경, 2장 3절).

율곡은 부모로부터 받은 몸을 다스리는(以孝守身) 것이 곧 효라고 다음과 같이 말했다.

"천하에 내 몸보다 더 소중한 것은 없다. 이 몸은 부모로부터 물려받았다. 부모가 남겨주신 이 몸은 천하의 어느 것과도 바꿀 수 없다. 부모 은혜가 얼마나 큰 것인가를 이로써 알 수 있다. 어찌 감히 몸을 나의 것으로만 생각하고 부모를 극진히 모시지 않을 수가 있겠는가?"(율곡전서, 권27, 사친장).

뿐만 아니라 공자는 "부모는 오직 자식의 병을 걱정하느니라" (논어, 위정 6)라고 했다.

몸을 제공한 부모는 항상 마음속 깊이 자녀가 병이 없이 오래 살기를 염원하고 있다. 이런 간절한 염원은 오직 부모만이 가질 수 있는 귀한 마음씨이다.

위의 말들은 자녀는 막중한 부모 은혜를 잊어서는 아니 되며, 그 은혜를 갚으려고 정성을 다해서 부모를 돌보아 드려야 함을 가르치고 있다.

부모는 자녀에게 몸을 남겨주었을 뿐만 아니라 그들에게 극진한 사랑으로 음식, 의복, 주거, 보건, 교육 등 유아로부터 성인으로 자라는 데 필요한 온갖 종류의 물질적 및 비물질적 돌봄을 제공한다. 대다수 부모들은 자기들의 안락과 노후생활을 위한 자원을 자녀양육을 위해 희생적으로 바치며 자녀가 자라서 성인이 되고 난 후에도 돌봄을 계속하다가 세상을 떠난다.

위와 같은 생산 및 양육의 크고 깊은 부모 은혜를 명심보감(효자편)에는 다음과 같이 애절하게 표현해놓았다.

"아버지 나를 낳으시고 어머니 나를 기르시니 슬프도다. 아버지 어머니 나를 낳으시고 애쓰시고 수고하셨도다. 그 은덕을 갚고자 하는데 그 은혜가 하늘같이 다함이 없어 갚을 바를 알지 못하도다."

부모는 자녀를 조건 붙이지 않고 사랑한다. 자녀는 그들의 가장 귀중한 산물이기 때문이다. 자녀는 몸이 다를 뿐 그들(부모)과 같다고 믿는 것이다. 예술가가 작품을 완성하고서는 그 작품을 자기를 재현(再現)한 것이라고 애착하며 귀중히 여기는 것과 흡사하다. 아니, 부모-자녀 관계는 이보다도 훨씬 더 오묘하고 애절하며 절실한 것이다.

서양의 철학자들도 부모 사랑의 특수성을 지적하였다.

Aristoteles는 부모의 자녀에 대한 사랑은 바로 자신들에 대한 사랑이라고 했고, Hegel도 자녀에 대한 사랑은 부부 자신들 간의 사랑과 같다고 했다.

이 동서양 선현들의 말들은 부모와 자녀 사이에는 자연적인 '서로 돌봄' 관계가 필연적으로 발생하게 됨을 알려주는 것이다.

자녀가 부모를 돌본다는 것은 위와 같이 그들과 특수하고 피할 수 없는 관계를 가진 부모의 깊고 넓은 은혜에 감사하며 이분들이 필요로 하는 도움을 드리는 것, 즉 '사친(事親, 부모를 섬김)'을 의미한다.

공자와 맹자는 부모에게 해 드려야 하는 돌봄으로써 다음의 세 가지를 제시하고 있다(孟子, 離婁章句下; 禮記, 祭義; 참조 戴聖편, 鄭玄주, 禮記正義, 주13, p.820).

첫째는 부모를 존경하는 것(大孝尊親)이며, 둘째는 부모가 인도하는 가족을 욕되게 하지 않는 것(其次不辱)이고, 셋째는 부모에게 좋은 음식, 의복, 따뜻한 거처를 드려 모시는 것(其下能養)이다.

자녀의 부모에 대한 이런 의무의 수행은 그들의 부모에 대한 사랑에서 시작되어야 하고 그들의 측은지심(惻隱之心)의 발로라야 하는 것이다(맹자, 공손주 상 5).

남이 물에 빠지면 나도 물에 빠진 것 같고 남이 배고프면 나도 배고프다고 하는 상대방의 입장에서 생각하며, 남에게 복이 있음을 기뻐하고 남이 화를 입음을 싫어하는 마음먹음은 곧 측은한 마음-마음에서 절로 흘러나와 그만둘 수 없는-이며 결코 그 보답을 구하는 것이 아니다. 공자는 이런 측은지심이 바로 인(仁)의 출발점이라고 했다(맹자, 공손추상).

자녀의 부모 돌봄 그리고 부모의 자녀 돌봄-서로 돌봄-은 이러한 측은지심에서 나오는 행위이다(동금유, 2010). 그런데 이 측은지심은 인의 실현이며 인의 대표적 실현은 효인 것이다.

자녀는 노령의 부모를 딱하게 여기며 그분들이 배가 고파하면 나 스스로도 배고파하며 추워하면 나도 추움을 느끼고 어려운 일을 당하면 나도 어려움을 당한다는 심정으로 돌보아 드리고, 그분들 편에 서서 그분들로부터 받은 은혜에 감사하고 보답하는 의무를 수행하는 것이다.

[은혜에 대한 감사와 보답에 관해서 다음 장에서 논의함.]
[유교경전에 담겨 있는 효와 관련된 가르침을 내용별로 정리한 것을 제3부 이념: 이어지는 전통의 제14~18장에 논술함.]

:: 서로 돌봄: 호혜적 관계

서로 돌봄의 바탕은 '호혜적 관계'이다. 호혜(互惠)란 말은 사람들이 혜택, 도움, 책임 또는 특별한 권한을 우정과 협조로 주고받는 교환관계를 뜻한다.

공자에게 자공(공자의 제자)이 "한 마디의 말로 평생토록 실행할 만한 것이 있나이까?"라고 물었다. 공자는 이에 답하여 다음과 같이 말했다.

"그것은 서(恕)인 것이다. 내가 원하지 않는 것은 다른 사람에게 하지 않는 것이다"(논어, 15, 23).

모름지기 다른 사람을 관대하게 대하면서 내가 원하지 않는 것은 그에게 하지 말아야 하는 것임을 가르친 말이다. 다시 말해서 서로가 원하는 것을 너그럽게 주고받아야 한다는 것이다.

그래서 유교경전을 처음 영어로 번역한 J. Legge는 위의 서(恕)를 'reciprocity(상호교환, 교호)'라고 번역하였다(Legge, 1960). 공자의 서(恕)는 Legge가 번역했듯이 호혜적 관계를 이룩하는 데 지켜야 할 도리임을 시사하는 것이다.

노자(老子)는 '호혜'를 5가지 말로 표현하였다. 그중 '보(報: 응보, 보상)'와 '환(還: 돌아옴, 복원)'은 서(恕)의 뜻을 나타낸다고 볼 수 있다(노자, 58).

호혜의 고답적인 해석은 "나를 다른 사람의 입장에 둔다"는 것인데 이는 위의 공자의 말-서(恕)-의 뜻과 같다고 본다. 그리고 이 말은 다른 사람을 자신처럼 사랑하는 마음을 담고 있다고 볼 수 있다. 이는 곧 넓은 사랑을 나타내는 것이다.

호혜적 관계는 위에서 논한 공자와 노자의 말과 같이 은혜에 대한 보답(報答)과 인과응보(因果應報)의 실현을 의미한다.

"심은 것은 열매를 맺는다." "모든 행동은 그에 대한 반대 행동이 따른다." "내가 베푼 것은 조만간에 나에게 돌아온다." "부모에게 효도하는 사람은 그의 자녀로부터 효도를 받는다. 믿지 않으면 처마 끝의 빗방울을 보라. 방울방울 어긋남이 없이 같은 구멍에 떨어지느니라." 이 말들은 보답과 인과응보의 원칙을 담은 호혜적 관계의 원리를 시사하고 있다.

효혜적 관계는 부모 자녀를 비롯한 가족원들과 친근한 사람 사이의 상호 의존적 관계를 말한다. 이런 서로 의존하는 관계가 이루어지면 서로 돌보는 결속된 관계가 오랫동안 흔히 영원히 계속된다. 이 관계는 교환관계와 다르다. 교환관계는 자유롭게 이루어질 수 있지만 의로운 결속이 없이 기계적으로 이루어지며 쉽게 끊어질 수 있다. 그러나 호혜적 관계는 상호 의존적이고, 의무적이며, 친밀하고 의롭게 지속되어 단절하기가 어렵다[상호의존에 관해서 제3장에서 논술함].

이 관계에서는 은혜를 받은 사람이 그 받은바 은혜를 갚는다 해도 영원히 은혜를 받은 사람으로 남아 있게 된다. 혜택을 준

사람은 이어 혜택을 받는 사람이 되고, 그는 다시 혜택을 주는 사람이 된다. 즉, 두 사람 사이에 혜택을 주고받음이 되풀이되어 나간다. 결과적으로 둘 사이에 서로 의존하는 관계가 이어지는 것이다.

이런 호혜적 관계가 부모를 포함한 가족 및 사회의 성원들의 서로 돌봄 관계를 이룩하는 힘이 될 수 있는 것이다.

:: 서로 돌봄을 북돋우는 힘

가족원의 수가 작아지고 돌봄을 필요로 하는 고령의 가족원이 증가함에 따라 부양 부담이 점차 늘어나고 있다. 게다가 많은 가족원들은 서로 떨어져 살면서 돌보아야 하는 어려움을 겪고 있다.

이러한 어려움에도 불구하고 한국 가족원들의 대부분은 서로 돌봄의 관행을 계속하고 있다.

성인 자녀가 이런 어려움을 이겨내도록 돕는 힘은 어디에서 나오는가?

이 힘은 첫째로 자녀의 부모에 대한 책임/의무에서 오는 것이며 아울러 부모의 은혜를 갚으려는 감사와 보은의 의지, 부모에 대한 애정, 부모를 중심으로 가족의 화합을 이루려는 의지, 부모와 가족을 위해 자신의 에너지의 일부를 바치려는 희생심이다. 이 요인들은 저자가 사회조사를 통해 찾아낸 효를 행하려는 의지(孝行意志)이다(성규탁, 2005; 2010)(표 1-1 참조). 이런 의지에 따라 부모 부양의 어려움—스트레스, 고통, 부담—을 겪는 정도가 낮아질 수 있음이 나타났다. 즉, 효를 하려는 의지는 돌봄을 실행하는 행동으로 이어질 뿐만 아니라 돌보는 데서 생기는 그런 어려움을 줄여주는 힘이 되고 있는 것이다. 물론 부양자의 개인적 및 가족의 형편에 따라 그 힘의 강약에 차이가 있다.

저자가 행한 조사에서 효행자들이 가장 빈번히 지적한 효행을 한 이유는 '부모에 대한 존경'이고 다음으로 '부모에 대한 책임수행', '부모은혜에 대한 보답', '부모를 중심으로 한 가족의 화합', '부모를 위한 희생', '부모에 대한 애정' 등이다(표 1-1)(성규탁, 2005, 2011 참조).

〈표 1-1〉 효행의지: 지적빈도에 따른 등위

효행의지 항목	지적빈도[1] (%)	등위[2]
부모에 대한 존경	97	1
저녀의 책임수행	85	2
부모의 은혜 보답	72	3
가족의 화합	47	4
부모를 위한 희생	43	5
부모에 대한 애정 (30% 이하 항목 제외)	38	6

N=401명의 효행자들
1: N에 대한 지적자수 비율. 2: 비율 크기에 따른 등위
지적빈도 30% 이하는 제외

:: 사회 안정을 위한 접착제

사람들이 도움을 서로 주고받는 호혜적 관계는 위와 같은 '힘' 또는 영향력을 발생할 수 있을 뿐만 아니라 또 다른 긍정적인 효과를 가져올 수 있다.

호혜적 관계에 대한 저명한 연구가인 A. Gouldner(1960) 교수의 논의를 들어보고자 한다.

그는 '교호적 원칙(the reciprocal principle)'은 사회관계를 조절하고 화합시킴으로써 사회체계를 안정시키는 '시멘트(접착제)' 역할을 한다고 했다[한국에서도 주고받는 관계는 생활만족도를 높인다는 긍정적 보고가 나왔다(김정식·김익기, 2000)].

Gouldner가 말하는 주고받는 원칙에 따른 인간관계는 결코 상대편을 착취하거나 남용하는 관계가 아니다. 이 원칙 아래에서는 과거에 받은 도움을 장래에 갚을 수 있으나 제공한 도움과 받은 혜택을 엄격히 판단하기가 어렵고, 주고받는 것을 계산하거나 보상하라고 요청하지도 않는다. 누가 얼마만큼의 부채를 지고 누가 많이 또는 적게 혜택을 주고받았는지 확실히 모른다. 똑같은 것을 교환하지 않아도 되고 시간적으로도 주고받는 데 제한이 없어 결과적으로 양편이 모두 상대방에게 신세를 지게 되어 장기적으로 상호 의존적 관계를 이룩하게 된다.

이 관계는 균형을 이루어야 하는 물물교환과 다르다. 균형을 이루는 관계에서는 양측이 같은 정도의 양으로 비슷한 종류의 도움을 주고받으며 받은 것을 일정한 기간 내에 돌려주어야 한다. 이런 관계는 불안정하며 오래 계속되기가 어렵다.

부모가 자녀에게 베푼 도움은 Gouldner가 논한 바와 같이 얼마를 주고 얼마를 받겠다고 계산하고 주는 것이 아니며 받는 자녀도 얼마를 받았기 때문에 얼마를 돌려준다는 식의 조건부로 교환하는 관계가 아니다.

부모 자녀를 비롯한 사람들 간의 서로 돌봄 관계는 Gouldner가 말한 교호적 관계와 그 뜻이 비슷한 바가 있다. 특히 그가 서로 주고받는 관계는 사회체계를 '안정'시키는 접착제(接着劑, 풀)의 역할을 한다는 긍정적인 해석은 서로 돌봄이 지향하는 가치와 합치된다고 본다.

:: 서로 돌봄을 지향하는 사회공동체

역사적으로 우리 민족은 가족, 친척, 이웃이 서로 사랑하고 돌보는 공동체(共同體)의 풍속을 지켜왔다. 이 풍속을 예시하는 사례들이 사회복지체제의 모범으로 빛나고 있다. 이런 사례들 중 대표적인 것 몇 가지를 들어보고자 한다.

* 향약과 계
먼저 우리나라 역사에서 빛나는 '향약(鄕約)'과 '계(契)'를 들 수 있다.

향약은 약 300여 년 전 퇴계가 지금의 경상북도 안동을 중심으로 운영하기 시작한 공동사회복리를 증진한 민중조직이다(나병균, 1985). 이와 비슷한 서로 돌봄 조직들이 전국으로 확산되어 여러 지방에서 운영되었다.

향약은 상부상조(相扶相助, 서로 보태주고 서로 도와줌)하는 마을, 부락, 씨족사회의 생활공동체의 자치규약이자 약속이다. 향약의 4대 강령 중 첫 번째인 '덕업상덕(德業尚德)'은 부모에게 효도하고, 형제간에 우애롭고, 어른을 공경하고, 집을 예(禮)로 다스리고, 제사에 정성을 다하고, 친족 간에 화목하고, 이웃을 사귀고 지원하는 너그러운 인간주의적 서로 돌봄을 실천하는 것이다(손인주 외, 1977).

계(契)는 현실적인 이익을 도모하는 동시에 인간적인 친목과 공제(서로 물질적 및 비물질적 도움을 주고받음)를 목적으로 이루어진 서로 돌봄의 그룹활동이다(나병균, 1985).

이러한 조상들의 서로 돌보는 생활에 대하여 19세기에 유럽에서 우리나라에 왔던 천주교의 달레(C. C. Dallet) 신부는 조선사람의 계에 대해서 다음과 같이 칭찬했다(C. C. Dallet, 정기수 역, 『조선교회사서론』, 탐구당, 1966: 227).

"조선인이 서로 보호하고 서로 원조하고, 서로 의지하고, 서로 부조하기 위해 긴밀히 결합된 단체를 이루고 있음을 보았다. 이 동포감정은 혈족관계의 한계를 넘어 확대되어간다. 상부상조와

타인에의 후대는 이 나라 국민의 특징인데, 솔직히 말하여 그런 특성은 조선인을 우리(유럽) 현대문명의 이기주의에 물든 여러 국민들보다 훨씬 우위에 서게 하는 조건이 된다."

약 200년이 지나 인류학자 A. Roland(1989) 교수도 Dallet 신부가 칭찬한 서로 돌봄 풍습과 비슷한 관행을 동양인이 가지고 있음을 지적했다. 그는 아시아 사람이 공통적으로 '우리 자아(we self)'와 가족적 자아(family self)를 간직하고 서로 의존하면서 돌보는 특성을 간직하고 있는데 서양에서는 이런 공동사회 지향적인 자아를 가진 사람을 찾아보기 어렵다고 했다.

우리 사회의 생활풍습을 살펴보면 공동사회로 확대된 서로 돌봄 체제인 향약과 계의 원리에 부합되는 다양한 방식의 서로 돌봄이 지금도 방방곡곡에서 대소규모로 이루어지고 있음을 알 수 있다.

한 집안 식구만으로는 감당하기 어려운 일은 마을 사람이 서로 거들어 치르고 있다. 이웃계, 상조회, 공제회 등 서로 돌봄을 위한 조직을 주민들이 자치적으로 만들어 친족, 씨족, 동리주민의 복리를 증진하고 있다. 지역공동체를 통한 상호 의존적 서로 돌봄의 대표적인 사례이다.

* 새마을운동

지난 수십 년 동안 우리나라에서 성공적으로 실행되었고 지금 세계적으로 확산되고 있는 새마을운동도 이러한 지역공동체의 상호 의존적 활동이 전국적 및 국제적으로 확대된 대규모의 현대적 서로 돌봄의 모범이다.

* 자원봉사활동

한국의 자원봉사활동은 역사상 유례가 없는 규모와 내실을 갖추고 있다.

각계각층의 사람이 다양한 대상자에게 봉사하고 있다. NGO, 기업체, 종교단체, 교육기관, 지역공동체, 자생집단, 그리고 정부기관들이 많은 자원을 투입하며 주체, 운영하고 있다. 정부 주도에서 벗어나 자원적이고 자치적인 민간 주도의 돌봄 활동으로 전환하였다. 이런 활동은 여러 해 전부터 외국으로 확대되어 북한을 포함한 세계 여러 나라에서 다양한 형식으로 전개되고 있다(강철희 외, 2007; 김용우, 2011; 김경동, 2012).

이런 봉사활동의 원동력은 사람을 사랑하고 돌보려는 한국인의 전통적 인간 중심적 사상이라고 본다. 이 활동을 통하여 한국인의 위상을 높임은 물론 넓은 세상을 위한 공동체적 서로 돌봄을 과시하고 있다.

향약과 계, 새마을운동 그리고 자원봉사를 단순히 서로 돌보기위한 행동으로만 볼 것은 아니다. 이는 한국인의 자치적인 공동체를 통한 넓은 인간애의 발현이며 이웃과 사회공동체로 확대된상호 의존적 서로 돌봄의 한국적이고 한국사회에서 자발적으로발생한 방식임에 주목해야 한다.

위와 같은 확대된 공동 사회적 서로 돌봄에 반영된 한국인의 사람을 사랑하고 돌보는 마음씨와 행동은 가족과 사회가 변하고 있는 오늘날 그 중요성이 더욱 커지고 있다고 본다.

:: 생명체를 사랑할 의무

유교에서는 한 발자국 더 나아가 보다 넓은 인의 뜻을 정립하였다.

공자의 수제자 맹자는 그가 세운 성선설(性善說, 사람은 원초부터 착하다는 논의)에서 친친(親親: 부모를 받듦), 인민(仁民: 모든 사람을 사랑함) 및 애물(愛物: 생명이 없는 물체를 귀중히 여김)을 실행하는 길을 제시하였다(동금유, 2010; de Bary & Bloom, 1999). 이에 따라 인은 사람을 위한 보살핌에서 생명이 없는 물건도 귀중하게 여기는 사회윤리로 자리 잡게 된다.

공자의 제자로서 효에 관한 글을 많이 쓴 증자(曾子)는 나무와 짐승의 생명을 소중히 다루어야 함에 대해서 다음과 같이 논했다. 수목이시벌언(樹木以時伐焉), 금수이시살언(禽獸以時殺焉), 단일수(斷一樹), 살일수(殺一獸), 불이기시(不以其時), 비효야(非孝也)라고 했다(董金裕, 2010; 禮記 祭義; 참조 禮記正義, 嘉慶 20年, 台北: 藝文印書館影印, 第8册, p.821).

이 말은 나무를 마구 자르고 동물을 마구 죽이는 것은 인(仁)을 해치는 것이며 인의 실천인 효(孝)와 어긋난다는 가르침이다.

이처럼 효는 생명에 대한 사랑은 물론 물건에 대한 사랑으로까지 확대된다(동금유, 2010; 송복, 1999). 이렇게 생명을 존중하고 물건을 아끼는 사상은 맹자가 말한 측은지심과 연계된다. 이 사상은 우리의 몸은 부모로부터 받은 것이라 이를 손상하지 않아야 한다는 의무와 함께 모든 생명체의 생명을 경외(敬畏, 존중하고 두려워하며 받듦)하는 인간사회의 기본적인 가치를 담고 있는 것이다.

위에서 사랑의 표현으로 부모 돌봄을 행할 의무를 지적하였는데, 사람을 사랑함은 그 사람의 안녕을 걱정하고 돌보아주는 의무/책임을 동반하게 된다. 사랑연구의 대가 E. Fromm(1974: 41)은 사랑에는 의무가 따른다고 했다. 부모의 자녀에 대한 사랑의 경우도 마찬가지이다. 사랑하는 부모 자녀는 서로를 돌볼 의무/책임을 지고 이를 서로에게 실행해나가야 하는 것이다.

현대사회의 도덕윤리는 이런 의무/책임이 우리와 함께 사는 모든 사람과의 관계에도 적용됨을 가르치고 있다.

나 한 사람은 다른 사람과 서로 영향을 주고받으면서 살고 있다. 그래서 나를 둘러싸고 있는 사람들이 나를 동정적으로 이해해주고 나의 존재를 인정해줌으로써 나 자신을 실현할 수 있는 것이다. 이런 상호 연결된 인간관계 속에서 나와 나의 가족의 이득만을 추구하지 않고 이웃과 사회성원을 위해서 인간애를 의무적으로 실행해나가야 하는 것이다(Tu, 1995).

이러한 도리는 서양문화에서와 같이 개개인을 각각 분리된 부분으로 보지 않고 서로 연결되어 서로에게 의존하는 관계를 가지면서 공동적 사회체계를 이루는 성원으로 보는 동아시아 문화의 특색을 나타내는 것이다(Tu, 1995; Tamura & Lau, 1992; Roland, 1989; 신용하, 2004; 송성자, 1997).

:: 윤리 도덕적 시각

우리 문화에서는 다른 사람을 예의 바르게 대하는 덕목이 강조되고 있다.

예의 바르게 행동한다는 것은 부모, 어른 그리고 모든 사람을 존중하면서 대하는 것이다. 우리는 습관적으로 부모, 선생, 윗사람에게 겸손하게 존댓말을 사용하고, 공손한 태도와 행동을 취하고, 말과 행동을 조심하고, 뜻을 존중하고, 좋은 자리를 드리고, 음식을 먼저 권한다(성규탁, 2010: Ⅲ권, 2011, 2012). 효에 관한 가르침에서는 이런 존경하는 태도와 행위는 나의 부모에게만이 아니라 이웃과 사회의 모든 어른에게도 지켜야 하는 예절이다.

이러한 예절을 지켜온 우리에게 근년에 들어 충격적인 일들이 일어나고 있다.

고령자를 푸대접하고, 병약한 고령자를 저버리고, 이분들의 어려움에 무관심하고, 심지어는 이분들을 학대하는 사건들이 보고되고 있다. 서양에서는 이미 오래전부터 이런 예에 벗어난 행동에 대한 보고가 나오고 있는데 우리나라에서도 나오기 시작한 것이다(권중돈, 2010; 김미해·권금주, 2008; 보건복지부, 2011; 이인수·이용한, 2000; Pillemer & Finkelhor, 1988; Levy, 1990; Payne, 2011).

고령자들의 대다수는 일평생 애정과 희생으로 가정에서 자녀를 돌보고, 기르고, 교육시키고, 지원하였으며, 각자의 능력에 따라 사회와 국가를 위해서 기여한 분들이다.

이분들이 고령기에 들어 신체적 및 사회경제적 사정이 어려워져 도움이 필요할 때 정서적 및 물질적으로 돌봐 드린다는 것은 인의 사상을 숭앙하는 우리의 문화적 맥락에서 도의적 및 윤리적으로 당연하고도 올바른 일이라고 하지 않을 수 없다.

부모를 섬기는 데는 동서양의 구별이 없는 것 같다.

공자의 수제자인 맹자는 다음과 같이 부모에 대한 존경이 중요함을 강조하였다.

"인간이 하는 모든 행동 가운데서 효행보다 더 중요한 것은 없다. 효행 가운데서도 부모를 존경하는 것이 제일 중요하다"(효경, 10 성치장).

불교에서는 나의 부모는 물론 모든 사람(중생)에게 사랑과 감사를 넓게 바쳐야 함을 가르친다. 특히 부모은중경을 통해서 어머니가 자녀를 낳고 키우는 데 바친 희생과 고통에 대한 감사와 동정심을 모든 사람이 가지도록 교시하고 있다.

영국의 유명한 역사학자 A. Toynbee 경의 다음 말이 생각난다.

"한 나라의 문명된 정도를 알려면 그 나라에서 고령자들이 어떻게 대접받고 있는가를 보면 된다."

이 말은 부모와 고령자에 대한 공동사회성원들의 도의적 의무를 시사하는 것이다. 그런데 이 의무는 무엇보다도 이분들을 '존경'함으로써 수행해야 하는 것이다.

기독교 윤리의 대가 T. Aquinas(1981)는 다음과 같이 부모 존경에 대해서 말했다.

"나는 나의 부모를 공경하는 의무를 수행해야 하는데 부모에게는 나의 아이나 친구에게 아니 해도 되는 존경을 해야 한다. 하나님을 제외하고 부모는 우리를 이 세상에 존재하게 하고 발전하게 한 분들이기 때문이다."

위와 같이 동서양의 명인들은 부모는 자녀를 이 세상에 출생시키고, 어릴 때 돌보아주고, 희생적으로 양육했기 때문에 자녀도 성장하면 이러한 넓고 깊은 은혜에 보답하기 위해 부모를 애정과 존경으로 마땅히 돌보아야 한다는 윤리적이고 도덕적인 의무를 분명히 하였다.

서로 돌봄은 우리 겨레가 받들어온 인간애·인간존중의 문화적 가치를 반영하는 넓은 사랑의 호혜적 실현이기도 하지만 위의 성현들의 말이 뜻하는 바와 같이 윤리 도덕적인 의의를 담고 있기도 하다.

제2장 은혜에 대한 감사와 의무

:: 은혜에 대한 감사와 의무

부모 은혜에 대한 감사는 부모 자녀 간의 서로 섬기는 호혜적 교환을 시발하는 원동력이 된다고 본다. 즉, 감사는 그 자체가 값이 있지만 그것이 앞장에서 선현들이 말한 부모 은혜에 대한 보답의 첫 번째 표현이며 예(禮)의 표시이기 때문이다.

부모에 대한 감사는 어린이 때부터 시작된다(김경희, 2003: 44∼75). 한 살 된 어린아이도 어머니가 잠깐 밖에 나갔다가 돌아와 안아주면 그렇게도 반가워한다. 아이가 자라서 초등학교에 들어가면 철이 들기 시작하여 은혜를 베푼 사람에게 감사하려는 의욕을 가지게 된다. 이런 발전단계에 이어 성장하는 과정에서 부모, 선생 및 어른은 아이에게 다른 사람으로부터 받은 도움에 감사하도록 권장한다. 받은 은혜에 대하여 '고맙다'는 말을 하도록 사회화(社會化)하는 것이다. 이것이 사람을 섬기는 예를 행하는 시발점이라고 본다(김경희, 2003; Hashimoto, 2004).

소년기와 청년기에 들어서는 감사의 표현이 점차 복잡하고 미묘해진다. 그리하여 성숙한 사람으로서 도덕적인 시각에서 받은 사랑을 이해하고 이에 대한 감사를 사회적 기대에 맞게 표현하게 되는 것이다(김경희, 2003: 44~75, 195~209; Rice, 1984: 481~494).

감사하는 마음을 가진 사람은 은혜를 베푼 사람에 대한 의무감을 가지고, 자신이 가진 것을 그와 나누어 가지며, 그에게 도움을 주는 행동을 하며 친사회적(親社會的) 행동을 하는 경향이 있다(김인자 외, 2008: 646). 이런 행동은 넓은 사랑의 시발이다. 감사는 이렇게 값진 파급효과가 있는 것이다.

이렇게 감사를 받는 사람은 감사하는 사람에게 도로 감사하는 호혜적 원칙에 따른 의무적 교환을 되풀이하게 된다.

우리 문화에 커다란 영향을 끼쳐온 종교는 모두 넓은 사랑을 교시하였다.

불교의 자비(慈悲)는 이기적이지 않고 사욕이 없이 다른 사람의(자신의 가족, 종파 및 나라에 국한되지 않고 모든 사람을 위한) 복리를 북돋우어 주는 넓은 사랑이다(나카무라, 1961: 제5장). 기독교의 사랑(agape)도 모든 사람들을 위하여 자기를 바치는 넓은 능동적 사랑이다.

유교에서는 넓은 사랑을 뜻하는 인(仁)이 기본적인 가치이다. 가정 안에서 부모를 사랑하는 데서부터 이웃 어른에 대한 사랑으로 연장된다. 이런 가치는 사람과 사람 사이에서 지켜져야 할 행동 및 태도 그리고 의무를 담고 있다.

이처럼 "나는 당신을 사랑한다"라는 말에는 (Fromm도 지적한 바와 같이) 의무가 따르고 있는 것이다.

심리학에서는 사랑의 내용을 복수적인 개념으로 구분한다. 예로 R. Sternberg(2008)는 사랑을 다음 3가지로 나누었다: 1. 친밀성, 2. 열정, 3. 결정/실행.

위에서 첫째, 친밀성은 대인관계에서 상대편과 밀접하게 연결, 결속되어 있는 감정을 의미한다. 둘째, 열정은 강한 사랑하는 감정과 흥분된 심리적 상태를 말한다. 셋째, 결정/실행은 사랑을 유지하기 위해서 사명감을 가지고 책임성 있게 행동함을 뜻한다.

부모 자녀 간에 흔히 이 세 가지 부분이 모두 작용한다(Taylor, Peplau & Sears, 2005). 이 중 세 번째 결정/실행은 매우 행동적인 영역으로 사랑을 유지하기 위해 사람이 가지는 사명감과 의무감으로 이루어지는 행동이다.

R. Emmons와 O. McCullough(2004: 5)도 위와 비슷한 말을 했다. 감사는 은혜를 베푼 사람에게 고마워하는 심정을 품고 호의와 정의를 가지며 그에게 무엇을 의무적으로 행하고자 하는 것이다.

받은 사랑에 대한 감사는 대인관계와 사회적 교환을 통해서 이루어지며 나와 다른 사람과의 관계를 시작하고 유지하는 데 중요한 역할을 한다.

G. Simmel(2008: 388)에 따르면 감사는 '인류의 도덕적 기억(moral memory)'이다. 사람은 받은 은혜를 기억해두었다가 감사하는 도의적 행동을 함을 뜻한다. 인간이 마땅히 해야 하는 예를 지키는 것과 같은 것이다.

사람들은 사랑을 서로 주고받으면서 감사하는 감정으로 엉킨 친밀한 관계를 맺고 유지한다. 사랑에 대한 감사는 우리로 하여금 이를 베푼 사람에게 행동으로 갚도록 유도한다. 그래서 감사는 도움을 받고서는 이를 갚는 책임성 있고 의무적인 교환관계에 이루게 된다. 이런 교환은 심리적 바탕으로 이루어지지만 그 기능은 사회적인(사람과 사람의 상호관계에서 이루어지는) 행동인 것이다.

Simmel(2008)은 받은 도움에 대하여 감사의 심정을 가짐으로써 사람들이 서로에 대한 의무를 수행하는 하나의 사회체계를 이루며, 이 체계는 곧 인간사회의 도덕적인 접착제(cement) 역할을 한다고 했다. 이 말은 앞서 인용한 Gouldner(1960)의 말(접착제)과 같은 것이다.

이들의 말을 요약하면 감사는 사랑하는 사람에 대한 의무의 수행으로 이끌며, 이 의무수행은 인간관계를 원만하게 할 뿐만 아니라 사회체계를 안정시키는 기능을 한다.

이 말은 앞서 지적한 바와 같이 사람이 예를 행하면 너와 나가 서로 믿을 수 있게 되고 안정된 사회관계를 이룩한다는 뜻이다.

나에게 은혜를 베풀어 주신 부모를 존중하고 돌보는 것은 오랜 세월 동아시아 문화에서 매우 중요시되어온 자녀의 의무/책임이며 이들이 지켜야 하는 기본적인 예절이다.

이러한 의무를 수행하는 근본적 이유가 무엇일까?

이렇게 하는 까닭은 다름이 아니라 부모가 베푼 사랑/도움에 대해서 감사하기 때문이다.

그러면 왜 감사를 하는가? 그 이유는 부모는 나를 이 세상에 존재하게 했고, 사랑으로 양육하였고, 교육시켰고, 사회에 진출하도록 도왔기 때문이다.

사람은 은혜를 베푼 사람에게 자연적으로 그 은혜를 갚게 되며 이렇게 하는 것이 문명인의 예의이고 의무인 것이다. 이것이 동아시아 사람들이 전통적으로 받들어온 문화적 가치이다.

부모가 아닌 사람에게도 은혜를 입으면 이를 갚는다. 선생의 경우가 이의 대표적인 예이다. 부모에게 하는 것과 같이 선생에게도 감사하고 존경을 한다. 부모는 자녀를 이 세상에 출생시켜 양육하지만, 선생은 이 세상에서 살아가는 데 필요한 지혜와 방법을 가르쳐준다. 선생에 대한 존경은 유교경전 여러 장에 기술되어 있다. 나를 출생시킨 부모 은혜에 못지않게 생활능력을 길러준 선생을 높이 받드는 것이다. 유대문화와 이슬람문화에서도 전통적으로 선생을 매우 존중해왔다. 이런 자연적이고 인간적인 반응은 선생이 제자에게 베푼 은혜에 대해 감사를 하는 것이다.

감사하는 의무수행을 중요시하는 것은 우리를 비롯한 동아시아 사람의 문화적 특성이다.

:: 감사의 성(聖)스러움

은혜에 대한 감사는 문화적 경계가 없는 것으로 보인다. 서양 윤리학의 대가 T. Acquinas(1981)는 자녀가 어릴 때 부모로부터 받은 은혜는 법적인 빚, 즉 받은 액수를 돌려 갚으면 되는 빚이 아니라 그 빚은 도덕적인 빚이고 감사의 빚이라고 했다.

부모에 대한 감사는 개인의 이익을 바라지 않고 오직 자녀의 안녕을 위해 조건 없이 베풀어준 은혜에 대한 것이다. 중요한 점은 은혜를 베푼 부모는 이를 돌려받을 기대를 하고 베푼 것이 아니라는 사실이다. 이런 점에서 부모가 자녀에게 베푸는 돌봄은 인간생활에서 볼 수 있는 가장 고귀한 것이라고 할 수 있다.

어떤 행위를 한다 해도 그리고 비록 부모가 해준 바와 똑같은 것을 한다 해도 부모에 대한 감사를 다할 수가 없다. 그 넓고, 깊고, 높고, 한이 없고, 조건 없이 대가를 바라지 않고 제공한 사랑과 도움을 자녀는 어떤 방법으로도 모방할 수가 없기 때문이다.

아마도 부모 은혜를 갚기가 그렇게도 어렵다는 점을 가장 의미심장하고 애절하게 지적한 가르침은 불교경전에 담겨 있는 다음과 같은 구절이라고 생각한다.

"가령 어떤 사람이 그 왼쪽 어깨에 아버지를 메고 그 오른쪽 어깨에 어머니를 메고서 살갗이 닳아 뼈에 이르고 뼈가 패어 골수에 이르도록 수미산을 백천 번을 돌더라도 부모의 깊은 은혜를 아직 능히 갚지를 못 하느니라"(부모은중경, 2부 정종분, 3장 광설업난, 147~148; Nicholson, 2000, 9).

사랑과 은혜를 갚는 첫 번째 행동이 위에서 논한 바와 같이 감사하는 것이다.

독일의 철학자 I. Kant(1964)는 감사에 대해서 다음과 같이 말했다.

"감사는 우리에게 친절을 베푼 사람을 존경하고 받드는 뜻이 내포되어 있다."

이러한 뜻을 영국의 저명한 윤리학자 W. Blackstone(1856)은 부모와 자녀의 관계와 연관해서 다음과 같이 말했다.

"부모에 대한 자녀의 의무는 자연적인 정의(情誼)와 보은(報恩)의 원칙에서 생기는 것이다. 우리를 이 세상에 출생시킨 부모에게 어려서는 당연히 순종해야 하고 자라서는 이분들을 받들고 존경해야 한다. 우리를 양육하고 교육시키고 성장시켜준 부모가 노쇠해서 도움이 필요하면 우리로부터 당연히 도움을 받아야 한다."

위의 동서양의 명언(名言)은 부모와 은혜를 베푼 분들에게 감사하고 돌봄을 제공하는 의무를 수행하는 데 관한 것이다.

즉, 서로 돌봄의 윤리적 원칙을 설명한 것이다.

자녀의 부모에 대한 감사는 부모 은혜에 대한 대가를 치르기 위한 것이라고 단순하게 생각해서는 안 된다. 자녀의 감사는 부모가 베풀어준 그 특수한 은혜의 너그러움에 대해 다만 반응하는 데 불과한 것이다. 그 은혜는 어떤 짓을 해도 갚을 수가 없다. 이런 점에서 부모 자녀 간의 돌봄을 주고받는 관계는 참으로 특수한 관계이다.

Kant에 의하면 성인 자녀가 부모로부터 어릴 때 받은 은혜에 감사할 의무는 영원하고 성(聖)스러운(heilige) 의무라고 했다. 그는 이 점에 대해서 다음과 같이 말했다.

"감사는 성스러운 의무라고 생각해야 한다. 그 의무는 언제나 의무로 남아 있을 때 신성(神聖)하다. 따라서 자기가 받은 친절을 모두 갚는다 해도 그 의무로부터 벗어날 수 없다."

명심보감(효자편)에는 그 의무를 수행하기가 그렇게도 어려움을 시사하는 다음과 같은 말이 있다.

"아버지 어머니 나를 낳으시고 애쓰시고 수고하셨도다. 그 은덕을 갚고자 하는데 그 은혜가 하늘같이 다함이 없어 갚을 바를 알지 못하도다."

위의 말들은 부모가 자녀에게 베푼 사랑과 은혜가 매우 특수하고 고귀함을 강조하였고 이울러 막중한 부모 은혜를 갚기 위해서는 매우 많은 노력이 필요함을 시사하는 교훈이다.

우리에게 은혜를 베푼 부모, 선생, 그리고 모든 분들에게 감사하지 않을 수 없다. 감사는 받은 은혜를 갚는 의무를 수행하는 예(禮)를 지키도록 이끄는 힘이 되는 것이다.

자녀로부터 감사를 받은 부모는 그들을 계속 돌보아 나가며, 이렇게 돌봄을 받아나가는 자녀는 부모를 돌보는 의무를 계속 수행하는 식으로 호혜적 서로 돌봄의 회전이 진행되는 것이다.

이런 점에서 감사하는 의무는 서로 돌봄의 호혜적 관계를 시발하고 진행하는 주요인이 되는 것이다.

제3장 서로 의존하며 돌보는 세대

'의존(依存)한다' 함은 나의 개인적 능력만으로는 하기 어려운 일을 내가 믿는 사람의 도움을 받아 한다는 뜻이다. 따라서 상호의존(相互依存)은 나와 네가 상대방이 하기 어려운 일을 서로 도와 나가는 호혜적 교환관계를 말한다.

이런 호혜적 관계는 사람 사이의 친밀하고 결속된 교환관계가 진행되고 있음을 보여준다.

:: 의존하면서 돌보는 세대

이 세상에 존재하는 모든 것은 서로 영향을 주고받는다. 모든 생명체는 다른 생명체의 삶에 기여하며 이 기여를 통해 자기의 존재의의를 찾게 되는 것이다.

일찍이 맹자는 사람들이 일체감을 느끼며 서로 도움을 주고받으면서 사는 상호 의존적 사회를 구상했다(맹자, 양해왕 상).

나와 다른 사람과의 의존적 관계에 대해서 현대 신유교의 석학 두 웨이밍(Tu, 1995) 교수는 다음과 같이 말했다.

"나 한 사람은 나를 둘러싸고 있는 사람들이 나에 대해서 동정심을 가지고 나의 존재를 인정해줌으로써 비로소 나 자신을 실현할 수 있다."

맹자와 두 교수가 뜻한 바를 반영하듯이 동아시아 문화에서는 사람들이 서로 의존하면서 돌보는 생활방식을 유지하는 경향이 현저함을 연구자들은 지적하고 있다(송성자, 1997; 엄예선, 1087; Roland, 1988; Kim, Triandis, Kagitchibasi & Choi, 1994; De Vos, 1988).

저자가 행한 가족조사에서도 한국인의 가족을 중심으로 서로 돌보는 성향이 뚜렷하게 드러났다. 다음 서로 돌봄 성향을 나타내는 지표들에 높은 평점이 주어졌다: 부모 부양, 와병 중인 부모간병, 친척 길흉사 부조, 가족을 위험으로부터 방어, 가족욕구 중요시, 배우자 선택에 부모 허락을 받음 등이다(성규탁, 2007). 이 지표들은 호혜적으로 상호 의존하는 가족주의적 성향을 시사한다.

한국인은 서양사람같이 개인주의적 자기 지향보다는 가족을 포함한 집단에 속하면서 강한 '우리' 의식을 가지고 다른 사람과의 상호 의존적 관계를 이루는 데 더 많은 에너지를 투입하는 성향을 갖는다(송성자, 1997; 엄예선, 1987; 신용하, 2004; Roland, 1989).

서로 의존하면서 돌보는 관계는 가족을 중심으로 생의 주기에 따라 진행되는 서로 돌봄 과정을 보면 알 수 있다.

어린이는 태어나 어머니에게 수단적(instrumental) 의존을 하면서 자란다(Lewis, 1990). 즉, 의식주를 비롯한 일용품, 탁아, 병간호, 생활비 등 수단적 돌봄을 부모로부터 받으면서 전적으로 부모에게 의존하면서 자란다.

이들은 소년-청년기에 들어 정서적(emotional) 의존을 하게 된다. 즉, 자기존중, 자기신뢰, 애정관계를 높이려 가족원들에게 의존한다. 세월이 흘러 부모가 고령기에 들어 사회적 및 신체적으로 어려워지면 수단적 의존이 높아진다. 고령기의 부모는 만년의 생을 위하여 물질적 도움과 서비스를 자녀로부터 받게 되며 정서적으로도 그들에게 의존하게 되는 것이다. 위와 같이 유아기와 노년기에는 생존 그 자체를 위해 다른 가족원들에게 의존하게 된다.

어려움을 당해 자기 능력으로 해결 못하는 병약한 가족원을 돌보아준다는 것은 어느 문화에서나 지켜져야 할 윤리적 규범으로 되어 있다. 특정한 문화적 맥락에서는 부모 자녀 간의 의존 정도가 더 높고 그러한 규범도 비교적 더 강하게 실행되고 있다. 한국과 동아시아 나라들은 그 규범이 더 강하게 실행되는 문화적 맥락에 속한다고 본다.

우리 문화에서는 어린이들은 유치원에 들어갈 나이가 되어도 어머니와 같은 방에서 함께 자는 사례가 많다. 어린이는 어머니에게 완전히 의존하며 어머니의 보호와 통제를 받으면서 자라난다. 이렇게 자라난 아이는 성인이 되어도 부모와 가족원들에게 의존하는 경향이고 가족원들과의 관계에서 의존을 받아들이는 성향을 가진다. 그리하여 강한 가족적 자아(家族的 自我)를 간직하게 된다. 물론 의존하는 정도는 가족관계, 사회계층, 종교, 돌볼 의지 등에 따라 다를 수 있지만, 일반적으로 부모 자녀 간의 돌봄을 위한 의존적 관계는 지속된다. 이런 관계는 의존을 비정상적인 사회관계라고 보는 서양문화에서 진행되는 인간관계와 대조된다. 의지할 곳 없는 병약한 고령자가 독립을 최고 가치로 삼고 인생 말기를 보내는 데 집착한다든가 이런 처지에 있는 고령자를 독립의 가치를 존중한다 하여 방치하는 풍습은 원래부터 한국이 속하는 동아시아 문화에서는 받아들여 지지 않았다.

'의존'이란 앞에서 논했지만, 다른 사람을 믿고 기대어 돌봄을 받는 것이다. 상호의존은 돌봄을 받은 사람이 돌보아준 사람을 도로 돌보는 것이다. 호혜적 교환이 이루어지는 관계이다.

부모와 자녀 간에는 비교적 장기적으로 상호 의존적인 서로 돌봄의 회전이 진행된다.

대다수 부모들은 노령기에 들어 건강을 잃고 소득이 없어지고 배우자가 사망하고 친구들이 세상을 떠남에 따라 성인 자녀에게 의존하는 처지에 놓이게 된다. 즉, 자녀의 의존을 받아주는 관계에서 의존을 하는 처지로 전환하는 것이다. 이 시기에는 자녀 또는 돌보는 사람이 수단적 및 정서적 의존을 서로 하게 된다. 대개의 경우 자녀는 노부모의 이런 의존을 수렴하고 자녀의 의무로 이분들이 필요한 돌봄을 제공해나간다.

끝으로 부언할 것은 한국인의 대다수(79%)는 고령기에 자녀와 함께 살 의사가 없다는 의견을 가지고 있다(보건복지부, 2011).

하지만 이런 의견은 젊을 때 가질 수 있는 희망적인 의사표시라고 볼 수 있다. 현재의 우리나라 고령자들의 대다수는 고령기에 들어 자원해서 또는 본의 아니게 자녀로부터 정서적 및 수단적 도움을 받고 있다. 의존을 병으로 보는 서양사회에서도 대다수의 고령자는 가족과 함께 살거나 가족 가까이 살면서 가족과의 상호 의존적 관계를 유지하면서 여생을 보내고 있다.

이러한 동서양의 실상을 보아 부모와 자녀 간의 의존적 관계는, 특히 부모가 고령기에 들어서면 자연적이고 필연적인 현상이라고 하지 않을 수 없다. 다만 의존하는 정도의 높고 낮음 그리고 정서적인 돌봄과 수단적인 돌봄의 어느 것을 많이 또는 적게 필요로 하는가의 차이가 있을 따름이다.

:: 가족의 돌봄

생의 주기에 따른 변동이 있기는 하나 부모와 자녀는 돌봄을 주고받는 가장 중요한 가족원들로서 상호 의존하는 관계를 지속한다.

그리하여 고령의 부모(조부모도 물론)가 일단 돌봄이 필요하게 되면 제일 먼저 (손)자녀가 돌봄의 손길을 뻗히게 된다. 사회적 지원망에 대한 저자의 조사에서도 이와 비슷한 결과가 나왔다. 즉, 한국노인의 91%가 어려운 일이 생기면 제일 먼저 찾는 것이 가족지원망이다(성규탁, 2007). 즉, 서로 돌보는 가족성원들로 이루어진 사회적 망속에 들어가는 것이다. 신용하 교수(2000, 2004)는 이런 부모 자녀가 서로 돌보는 효의 관습을 세계적으로 자랑할 수 있는 우리의 문화적 관습이라고 했다.

서양사람은 대개 고등학교만 졸업하면 부모와 따로 살면서 단독 가구를 이루기 시작한다. 정서적으로나 경제적으로 부모와 따로 자신의 독립된 가정을 이루는 것이다. 서양문화에서는 이렇게 독립된 생활을 해나가는 데 가치를 둔다.

그러나 우리의 경우는 상당히 다르다. 우리는 비록 떨어져 살기는 하여도 서로 밀접하게 연결되어 서로 걱정하고, 서로 믿고, 서로에게 도와주기를 바라고, 서로 도와주며, 서로에 대한 의무/책임을 수행하는 상호 의존적이며 호혜적인 가족관계를 유지한다. 이러한 서로 의존하며 돌보는 관계를 부모와 자녀는 기대하고 또 사회는 이런 관계를 바람직한 관습으로 보고 있다. 즉, 서로 의존하며 돌보는 데 문화적 가치를 두고 있는 것이다.

이런 동아시아 문화적 특성에 관해서 Roland(1989)는 다음과 같이 말했다.

"아시아 사람은 서양사람보다 개인적인 자아감(自我感)이 훨씬 적다. 이들은 밀접한 정서적 관계망 안에서 살고 있다. 이 망 속에서 '가족적 자아(familial self)'를 간직한다. 가족적 자아는 가족원들과 공생(共生)-교호(交互)하는 친밀한 상호 의존적 관계를 가진 자아이다. 서양에서는 이런 가족적 자아를 가진 사람이 매우 드물다."

우리 사회에서는 거의 대부분의 어려운 돌봄은 가족이 떠맡아 한다고 해도 과언이 아니다. 그런데 사회복지가 앞서 있다는 미국에서도 만성장애(치매증 포함)를 가진 고령자의 약 80%가 그들의 가족(배우자, 자녀 특히 딸)과 친척으로부터 돌봄을 받고 있다. 돌보는 사람의 애정, 책임, 희생, 존경 및 화합을 필요로 하는 인간적이며 집중적이고 장기적인 돌봄은 가족이 맡아 할 수 있는 것이기 때문일 것이다.

이와 같은 어려운 역할은 고령자 인구의 증가, 영아출생률의 저하, 편모가족과 핵가족의 증가에 따라 늘어나는 경향이다.

그런 어려움에도 불구하고 한국가족의 고령자 지원에 관한 연구에서는 가족의 지원기능이 소멸되었다는 결론은 나오지 않고 있다. 오히려 가족은 여러 가지 대안들을 찾아 어려움을 풀어 나가면서 세대 간의 돌봄을 지속하고 있는 것으로 보고되고 있다.

철학자들은 그들의 직감에 따라 추상적으로 부모 자녀 간의 서로 돌봄 관계가 지속되고 있음을 강조하고 있다. 우연한 일치인지 모르지만 이들의 주장은 사회조사를 통해 얻은 경험적 자료가 증명하는 바와 거의 일치하고 있다. 이런 사실은 가족은 이 세상의 가장 강력한 돌봄의 원천으로 여전히 기능하고 있음을 알려 준다. 효가 실천되는 세팅으로서의 가족이 이처럼 아직도 기능을 하고 있는 것이다.

사회보장제도가 발전된 나라들도 근년에 이 제도만으로는 국민의 복지욕구를 도저히 충족할 수 없으니 가족이 자체의 성원들을 돌보는 본래 기능을 보다 더 충실히 수행해주어야 한다고 호소하고 있다. 이런 심각한 서양의 시대적 상황을 볼 때 가족을 중심으로 하는 상호 의존적 서로 돌봄의 중요성을 다시 한 번 깨달을 수 있다[이 경우 가족은 큰아들의 핵가족, 작은아들의 핵가족, 딸의 핵가족, 손자녀의 핵가족, 기타 친족의 핵가족이 합동하여 이룬 가족망을 포함한 확대된 대가족을 포함하는 것임].

:: 서로 돌봄의 균형문제

부모와 자녀의 의존관계를 말할 때 흔히 나오는 질문은 "자녀와 부모가 어느 정도로 서로 도움을 주고받는가?"이다.

교환의 '균형-불균형'과 관련된 질문이다. 부모 자녀 사이의 도움은 결코 한쪽으로만 가는 것이 아니다. 부모는 고령이 되면 자녀로부터 도움을 받는 의존적인 입장에 들어선다고 하지만, 그분들의 대다수는 고령이 되어도 계속해서 자녀에게 어떤 종류의 물질적(외면적) 또는 정서적(내면적) 돌봄을 다소간에 계속 제공해나간다. 고령의 부모가 베푸는 돌봄의 종류와 양이 그분들이 젊었을 때 자녀에게 제공한 것보다는 다르고 적을지 모르나 베풀어주는 역할은 계속되고 있는 것이다.

앞에 논한 바와 같이 호혜적으로 서로 돌보는 관계에서는 주고받는 것의 균형을 잡는 것은 쉽지가 않다. 특히 가족원들 사이의 서로 돌봄 관계에서 그러하다. 내가 물질적 혜택을 받았을 경우 똑같은 물질적인 것으로 갚느냐 아니면 다른 것으로 대신해서 갚아도 되느냐의 문제가 나온다. 똑같은 것을 돌려줄 경우 그것을 받는 측에게 도움이 되지 않을 수 있고, 교환이 형식적이되어 별로 뜻있는 서로 돌봄 관계를 이루지 못할 수 있다.

이런 과제와 연관된 사례가 우리와 비슷한 문화적 맥락을 가진 일본인의 가족관계를 조사한 보고에서 소개되었다. Antonucci, Akiyama 및 Birditt(2004) 교수들이 보고한 바에 의하면 일본가정에서는 며느리가 시어머니로부터 어떤 물건을 선물로 받고 이와 똑같은 것을 그 시어머니에게 선물하면 친족 간의 정의를 무시하는 것으로 오해를 사는 경우가 흔히 있다고 한다. 그리고 며느리로부터 물건을 선물 받은 시어머니는 물건(물질적인 것)이 아닌 정서적인 것(칭찬, 격려, 위안)으로 그 며느리에게 선물한다.

이런 교환이 일본가정에서 자연적인 것으로 받아들여진다는 것이다. 즉, 외면적(물질적) 돌봄이 내면적(정서적)인 것으로 교환되는 것이다[내면적 돌봄과 외면적 돌봄에 관해서는 제5장에서 분석적으로 논의함].

따라서 상대편이 그것을 받는 때(timing), 그의 욕구(needs) 및 사회문화적 맥락에 맞는 것을 돌려주어야 하고, 또 그것이 상대편에게 실제적으로 도움이 되고 뜻이 있어야 한다. 즉, 그것을 상대편이 받아들여야 하는 것이다. 앞서 공자가 말한 서(恕)-공평한 교환-가 이루어져야 한다.

서로 사랑하고 존중하는 사이에서도 아래의 공자의 말과 같이 어긋남이 없어야 한다.

한 제자가 공자에게 효에 대해서 물으니 그는 다음과 같이 대답하였다.

"어김이 없어야 할 것이다"(논어, 위정, 孟懿子問孝 子曰 無違).

그런데 내가 베푼 도움을 나에게 갚기 위해 상대편이 받는 희생(수고, 노력)과 그 도움을 받음으로써 나에게 오는 혜택 사이에 어느 정도는 균형이 잡혀야 하지 않겠는가? 즉, 위의 공자의 말과 같이 (크게) 어김이 없어야 하지 않겠는가? 가족원들 간의 교환은 친밀한 관계 속에서 은밀하면서도 광범위하게 자주 이루어지기 때문에 주고받는 것의 균형을 잡기가 어렵다. 즉, 어김을 없애는 것이 쉽지가 않는 것이다.

그러나 부모가 자녀에게 주는 혜택이 때에 맞게 자녀의 필요에 따라 주어져야 함과 마찬가지로 자녀가 부모에게 제공하는 도움도 부모가 필요로 하는 것을 때에 맞게 주어야 함은 말할 나위도 없다.

새 시대에는 부모 자녀의 서로 돌봄에 있어서도 이들의 개인적 형편(연령, 성별, 가족관계, 생활환경, 경제적 사정)에 따른 욕구와 때를 고려해야만 하겠다. 부모 또는 자녀 한 편의 복리 또는 혜택에만 초점을 둘 수 없다. 부모와 자녀가 다 같이 복리를 누리는 방향으로 돌보아 나가야 한다고 본다. 즉, 가능한 범위에서 내면적(정서적) 혹은 외면적(방편적 또는 물질적) 방법으로 세대 간의 어김을 줄여서 서로 받아들이는 돌봄을 제공하는 노력이 필요하다고 본다.

:: 책임성 있게 돌보는 관계

돌봄 관계를 유지하는 데 매우 중요한 조건은 서로에 대한 '의무' 또는 '책임'이다. 즉, 받은 것을 돌려줄 의무가 있고 도움이 필요한 상대편에게 도움을 베풀 의무가 있는 것이다. 위타적(爲他的, 다른 사람을 위한) 돌봄을 의무적으로 제공하는 것이다. 측은지심의 발로이다. 상호 의존하는 관계에서도 서로에 대한 의무와 책임을 수행하는 것이다.

부모와 자녀는 깊은 사랑으로 연결되어 있다. 그런데 사랑연구의 대가 E. Fromm(1974: 4)은 앞서 지적하였듯이 사랑에는 책임이 따른다고 했다.

사람을 사랑한다는 것은 그 사람의 안녕을 걱정하고 돌보아주고자 하는 심정을 가지는 것이다. 이런 심정은 자연적으로 그 사람을 위해서 무엇을 하고자 하는 의욕을 가지게 하고, 이 의욕은 조만간 그의 안녕을 성취하기 위한 행동으로 옮겨져 급기야 그의 안녕을 이룩할 책임을 수행하는 방향으로 옮겨가는 것이다.

그런데 부모에 대한 '책임감'이 '애정(사랑)'보다 돌봄으로 이끄는 더 강한 힘이 될 수 있다. 부모 자녀 관계에 관한 조사보고에 의하면 애정보다는 부모의 안녕에 대한 관심과 의무감이 부모 돌봄을 꾸준히 계속하는 데 더 큰 힘이 된다는 것이다. 사랑은 열렬하다가도 식으면 사라지지만 의무감과 책임감은 사랑과 같이 급히 식어버리거나 사라지지 않고 계속 돌보게 하는 힘이 된다고 했다(Nydegger, 1983; Jarret, 1985; 성규탁, 2005). 그래서 애정을 부모 부양의 필요조건으로 삼는 데는 한계가 있다는 것이다(Connidis, 1989).

책임을 수행하는 데는 어느 정도의 희생이 따르게 마련이다. 부모는 자원해서 자기들의 안락을 위해 써야 할 자원을 대가를 바라지 않고 자녀의 양육, 성장, 발전을 위해 희생적으로 바친다. 그래서 맹자는 다음과 같아 단언했다.

"이 세상의 모든 일 가운데서 부모가 자녀에게 베푸는 봉사만큼 큰 것은 없다"(논어, 學而篇).

오늘날의 희생이란 자녀의 생명이나 피를 부모에게 바치는 것이 아니다. 자녀가 그들의 시간, 재력, 노력의 일부를 부모 돌봄을 위해 사용하는 것을 뜻한다.

자녀는 오랜 기간 부모에게 의존하며 지원을 받다가 성인이 되어 부모를 돌보기 시작한다. 돌보는 자녀에게는 어려움이 있을 수 있다. 자신의 직계가족을 부양하면서 연로한 부모를 돌보는 일은 자녀에게 육체적 및 경제적 어려움이 될 수 있다. 부모의 연령이 높아질수록 이런 어려움 소위 부담은 커진다. 부담을 진다는 데는 희생을 한다는 뜻이 포함된다.

[부모 돌봄을 '부담'이라고 하는 것은 우리의 문화적 맥락에는 알맞지 못한 표현이라고 보는 사람이 많다. 서양사람이 작성한 논문들에 나오는 burden(부담)을 번역해서 사용하게 된 것이다.]

그렇지만 부모는 자녀가 희생하는 것을 원치 않는다. 이러한 염원에도 불구하고 신체적 및 경제적으로 어려워진 노부모는 본의 아니게 자녀의 지원을 필요로 하게 되어 그들에게 의존하게 된다.

자녀의 효행의지, 책임성, 은혜보답, 희생심, 존경심, 애정 등이 높을수록 노부모의 의존을 받아들일 가능성이 더 높아진다. 여기에서 특히 중요한 것이 책임의 수행이다.

자녀가 길을 걸을 때 조심하도록, 저녁 늦게 바깥에 있지 않도록, 나쁜 동료와 어울리지 않도록, 학업을 성실히 수행하도록, 충분한 영양을 섭취하도록, 직장의 윗사람 및 동료와 좋은 관계를 가지도록, 어른에게 예의 바르게 행동하도록 부모가 가르칠 책임을 가지며 이 책임을 수행하기 위해 필요할 때 자녀에게 권한을 행사한다. 이런 자녀에 대한 책임을 수행하기 위한 권한행사는 일반적으로 가족체계 내에서 정당화되어 있다. 부모의 이와 같은 책임행사를 자녀는 받아들여야 한다.

얼마 전 영국에서 일어난 청소년 폭동과 약탈행위를 비판하는 국내외 언론은 한결같이 부모의 자녀를 지도할 책임문제를 들고 있다. 영국의 법정에서도 이 사건을 다루던 판사가 "도대체 이들의 부모는 무엇을 하고 있었는가?"라며 부르짖었다. 부모의 자녀지도 및 감독에 대한 책임을 묻는 소리이다.

가족 주변의 사정이 변하고 개개 가족의 생활형편, 자조(自助)능력, 응집력이 다르기는 하지만, 한국가족들의 공통점은 가족원들 사이에 서로 돌봄 관계가 계속되고 있으며 서로의 안녕과 가족의 번영에 대한 책임을 나누어 가진다는 사실이다(최재석, 2009; Sung, 2007).

최재석 교수는 한국가족연구에서 위와 같은 특성이 소멸되었다는 증거는 나오지 않고 오히려 전통적인 가족가치가 남아 있다고 했다.

우리의 동아시아 문화에서는 서양사회와 달리 고령자가 젊은 친척에게 의존하는 것을 병적이라고 보지 않는다(Streib, 1987; 류 승국, 1995). 우리에게는 노령기에 접어들면 자녀에게 수단적 및 정서적으로 의존하는 것이 관습으로 되어온 것이다.

위에서 지적하였지만 서양사람 같이 독립을 최대 가치로 내세워 고령자가 내 목숨이 끊어질 때까지 독립적으로 살겠다는 고집을 부리거나 의존을 병으로 보는 신조와 관습은 중국, 일본, 한국의 문화에서는 원래부터 없었다.

사람이 성숙해져 인격을 갖추게 되면 다른 사람에게 정서적 및 수단적 돌봄을 때와 필요에 따라 베풀 줄을 알게 되며 받을 줄도 알게 된다.

바람직한 서로 돌봄이란 전적으로 의존적이거나 전적으로 독립적이 아닌 "의존적이면서 독립적인 자세로 주고받는 것"이라고 본다. 우리는 서로 의존하며 살아가는 문화 속에서 살고 있다. 그러나 가능한 한도까지 부모 자녀 세대가 서로에게 부담이 되지 않도록 의존과 독립을 조심스럽게 저울질하면서 살아가는 것이 바람직하다고 본다.

제4장 서로 섬기는 세대

:: 변화와 전통

서로 돌봄은 사람과 사람이 서로 사랑하고 돌보면서 이루어나가는 인간관계이다. 이 관계에서 반드시 필요한 것이 바로 서로를 존중하는, 즉 섬기는 것이다.

앞서 지적했듯이 섬김은 돌봄을 내포한다. 즉, 돌봄은 섬김의 일부이다(Downie & Telfer, 1969; Dillon, 1992; Sung, 2007).

:: 섬김의 실천

저자가 행한 조사에서 우리나라 성인들이 가장 자주 실천하고 또 가장 중요하다고 본 효행방식이 바로 '부모 존경(또는 부모 섬김)'이라는 사실을 발견하였다(성규탁, 2011, 2012; Sung, 2007).

[제3부에서 유교경전에 기술된 존경에 관한 논고를 참고하기 바람.]

존경(섬김)은 다른 사람에 대해 관심을 가지고, 그를 소중히 여기고, 그가 필요한 도움을 제공해주려는 뜻을 행동으로 실행함을 의미한다. 이런 뜻과 행동은 다른 사람을 위한 돌봄으로 구체화된다.

존경은 부모 자녀, 어른과 젊은이 사이의 서로 돌봄 관계를 이룩하는 데 없어서는 아니 될 요건이다. 사람을 존중하지 않고서는 그를 참답게 돌볼 수가 없는 것이다. 다시 말해서 돌봄의 기본은 사람을 존중하는 것으로 우리가 사회생활을 해나가는 데 있어 마땅히 지켜야 하는 예절과 같은 것이다. 예절도 섬김/존경에 바탕을 두고 있는 사회적 규칙이고 약속인 것이다.

우리는 사람을 섬기는 문화적 전통을 이어 받아 부모를 비롯한 모든 사람을 섬기되, 새 시대에는 어른들도 젊은 사람에게 다음에 소개하는 존경방식을 때와 장소에 맞게 적용할 수 있어야 하겠다.

저자는 이 섬김 방식들은 서로 돌봄 관계를 유지하는 데 지켜야 하는 기본이라고 생각한다.

저자가 찾아낸 존경방식 14가지에 대해서 부모와 자녀, 고령자와 젊은 사람, 윗사람과 아랫사람이 서로를 섬기는 데 초점을 두고 해설해 나가고자 한다.

:: 한국인의 성향과 존경

존경방식에 대한 자세한 논의에 들어가가 전에 먼저 저자가 대학들의 학부생들과 대학원생들의 존경에 관한 설문에 대한 응답을 기초로 찾아낸 존경방식들을 간략히 소개하고자 한다(조사와 분석에 관한 자세한 사항에 관해서는 다음 자료를 찬고하기를 바란다(성규탁, 『어른을 존중하는 중국, 일본, 한국 사람들-새 시대의 실천방식』, 한국학술정보(주), 2011, pp.183-214).

총 14 가지의 좀경방식들을 가려내었다. 먼저 각각의 존경방식을 지적한 빈도에 기초해서 백분율을 산출하여 이 비율에 따라 존경방식들의 등위를 산정하고, 다음에 4단위 척도에 따른 중요성의 정도를 산정하고 그 정도에 따라 각 각의 존경방식의 등위를 정했다(표 4-1 참조)

빈도에 대한 자료를 분석한 결과를 보면 "보살핌으로 하는 존경"이 가장 많이 지적되었고(응답자들의 62%가 지적함), 두 번째로 자주 지적된 방식은 순종으로 하는 존경(51%), 세 번째 의논을 해서 하는 존경(41%), 네 번째 먼저 대접해서 하는 존경(36%), 다섯 번째 인사를 해서 하는 존경(33%), 여섯 번째 존댓말로 하는 존경(31%), 일곱 번째 음식을 대접해서 하는 존경(23%), 여덟 번째 선물로 하는 존경(21%), 아홉 번째 외모를 단정히 해서 하는 존경(20%), 열 번째 조상에 대한 존경(19%), 열한 번째 이웃노인에 대한 존경(18%), 같은 열한 번째 생일축하를 해서 하는 존경(18%), 열세 번째 윗자리를 제골해서 하는 존경(16%), 끝으로 장례를 통해하는 존경(9%)이다.

중요성에 관한 자료를 분석한 결과, 보살핌으로 하는 존경이 역시 가장 높은 등위를 차지했다(중요성 평점의 평균: 3.60, 거의 "매우 중요함"으로 간주됨). 다음으로 의논을 해서 하는 존경(3.55), 순종을 해서 하는 존경(3.51), 존댓말을 사용해서 하는 존경(3.23), 인사를 해서 하는 존경(3.15), 먼저 대접해서 하는 존경(3.12), 음식을 대접해서 하는 존경(3.02), 선물을 드려서 하는 존경(2.92), 외모를 단정히 해서 하는 존경(2.82), 조상에 대한 존경(2.82), 이웃노인에 대한 존경(2.77), 생일축하를 해서 하는 존경(2.63), 윗자리를 제공해서 하는 존경(2.50), 끝으로 장례를 치러서 하는 존경(2.50)의 순서로 나타났는데 이들 존경방식 대다수가 "그대로 중요함" 내지 "대체로 중요함" 정도로 평가되었다.

위와 같이 지적빈도와 중요성에 대한 분석에서 보살핌으로 하는 존경이 가장 높은 등위로 나타났고, 의논, 순종, 경어사용, 인사, 우선적 대접이 뒤따랐다. 이들 모두가 다른 존경방식들보다도 더 자주 실천되었고 더 중요한 것으로 지적되었다.

존경방식	지적빈도[1]		중요성[2]	
	등위	%	등위	평균
보 살 핌	1	62	1	3.60
순 종	2	51	3	3.51
의 논	3	41	2	3.55
먼저대접	4	36	6	3.12
인 사	5	33	5	3.15
존 댓 말	6	31	4	3.23
음식대접	7	23	7	3.02
선 물	8	21	8	2.92
외 모	9	20	9	2.82
조 상	10	19	9	2.82
이 웃	11	18	11	2.77
생일축하	11	18	12	2.63
윗 자 리	13	16	13	2.50
장 례	14	9	13	2.50

N = 426
1 응답자들이 지적한 빈도: 응답자 총수의 5%이상이 지적한 항목만 포함.
2 중요성의 정도: 4단위측도에 기초함(4 = 극히 중요...1 = 약간 중요)

존경방식을 논의하기 전에 이 방식을 사용하는 데 영향을 끼칠 수 있는 한국인의 문화적 가치 또는 성향을 소개하고자 한다.

이런 한국인의 특성은 아래와 같은 것으로 지적되고 있다(송성자, 1997; 엄예선, 1994; 손인주, 1992; 이부영, 1983; 최재석, 1983; 김태환, 1982; 이광규, 1981; 윤성범, 1977; 윤태림, 1977).

한국인은 다른 사람과의 조화로운 관계를 중요시한다. 다른 사람과 반대되는 의견을 솔직히 표현하기를 꺼려한다. 서로의 체면을 손상하지 않으려고 한다. 겸손하고 사양하는 성향을 가진다.

자신의 느낌 또는 감정을 억제한다. 자신을 낮추고(비하하고) 상대방을 높이는 성향을 갖는다. 가족문제에 대해서 다른 사람에게 말하지 않는다. 상호의존적이다. 어른을 존중하고 부모에게 효도한다. 어려운 문제에 대해서 솔직하게 의견을 표시하지 않고 비언어적이고 간접적인 표현을 한다. 집단과 자신을 분리하지 못하며, 집단에 소속됨으로써 안정감을 갖는다. 강한 '우리 의식'을 가진다.

위와 같은 전통적 가치는 근년에 서양의 개인주의 및 평등주의 사상이 들어옴에 따라 약화되는 경향이다. 그러나 이 가치가 한국인의 사람을 대하는 태도에 직접적, 간접적으로 양향을 미치는 것으로 보고 있다(송성자, 1097; 엄예선, 1994; 성규탁, 2012).

:: 노소가 서로 존경하는 방식

* 인사를 해서 하는 존경

[만나면 인사를 해서 그에게 관심을 가지며 그를 존중한다는 행동적 표현을 해서 섬기는 방식]

젊은 사람은 어른을 만나면 절을 하거나 두 손을 합장해서 인사한다. 남자는 흔히 절과 악수를 동시에 한다. 존경을 표시하기 위해서 왼손을 오른손에 겹쳐 악수를 한다. 여자는 고개를 약간 숙여 인사하고 악수는 하지 않는다. "안녕하십니까", "만나 뵙게 되어 반갑습니다", "댁내 평안하십니까", "요즘 날씨가 고르지 않습니다"와 같은 인사말을 한다. 헤어질 때도 "건강에 유의하십시오", "머지않아 또 만나뵙게 되기를 바랍니다", "특별한 일이 있으시면 알려주십시오"라고 정중하게 인사한다. 집안 어른에게는 아침, 점심, 저녁 시간이 지나면 "진지 잡수셨습니까"라고 인사한다.

어른도 젊은 사람에게 "건강히 잘 있는가", "만나서 반갑네", "자네 집안이 두루 평안하신가", "가까운 장래에 또 만나세"와 같은 인사를 하며 그를 만날 때와 헤어질 때 존중한다는 뜻을 전할 수 있다.

우리는 처음 만나는 사람에게 흔히 나의 감정과 느낌을 표시하지 않고 겸손하게 참으며 그의 대접이 좀 과분하다고 보이면 사양을 한다. 인사가 끝나 대화를 통해 교환하는 과정에서 상대편과 나 자신의 체면을 유지하려고 무한 애를 쓴다.

인사는 기본적으로 만나는 사람끼리 정중하게 우의(友誼)를 표하며 서로 섬김의 뜻을 나타내는 예절인데 그 표현방식이 문화에 따라 다소간의 차이가 난다. 다문화사회에서는 그런 차이를 이해하고 수렴해서 해당되는 문화에 맞는 방식으로 인사를 해야 한다.

인사는 한국이 속하는 동아시아 문화권에서 매우 중요시하는 예절이다.

* 먼저 대접해서 하는 존경

[도움이나 서비스를 먼저 제공해서 섬기는 방식]

존경하는 사람에게 먼저 도움, 서비스, 편의를 재공해서 섬기는 방식이다.

차나 음식을 먼저 대접하고, 승강기 또는 방에 먼저 들어가고 나오도록 하고, 자리에 먼저 앉도록 하고, 서비스를 먼저 제공해서 섬기는 것이다.

먼저 섬기는 데 대해서 공자는 다음과 같이 말했다.

"무릇 손님과 함께 방으로 들어가는 자는 문마다 손님에게 양보해야 하며 먼저 들어가서는 안 된다"(예기, 상, 1).

한국인, 일본인, 중국인은 자동적으로 어른, 선생, 선배, 윗사람을 먼저 대접한다. 우리는 또한 어린이, 임산부, 장애인에게도 먼저 승강기나 방을 출입하고, 먼저 서비스를 받도록 편의를 준다.

어른도 젊은 사람에게 좋은 음식을 우선적으로 대접해서 이들이 건강하기를 바라거나 이들이 잘한 일을 축하해준다.

부모는 자녀에게 어릴 때부터 맛있는 것, 건강에 도움이 되는 것, 좋은 것을 우선적으로 제공해주지 않는가? 다수의 부모들은 자기들이 이 세상을 떠날 때까지 물질적으로 또 정서적으로 자기들을 희생하면서 자녀를 우선적으로 돌보아주지 않는가?

* 순종을 해서 하는 존경

[지시나 명령을 따름으로써 섬기는 방식]

부모, 친척 어른, 선생, 선배, 윗사람의 말을 존중하여 이를 따르고 귀담아 들음으로써 존경을 표하는 방식이다. 순종에는 또한 내가 받드는 집단의 이념과 지시, 법과 사회규정, 종교교리를 따르는 것도 해당된다.

가정생활에서 행하는 순종은 주로 부모와 집안 어른(형과 누이를 포함함)이 평생 쌓아온 경험과 지혜를 존중하여 개인의 일, 가정의 일, 지켜야 할 관습 등에 관한 이분들의 의견과 충고를 받아들이고 따르는 것이다.

또 하나의 순종방식은 그분들의 말을 성실하게 귀담아 듣고 이해하려고 노력하는 것이다.

그런데 부모와 어른도 자녀와 젊은 가족원들의 말을 따를 수 있다. 즉, 그들의 말에 귀를 기울이고 그들의 의견을 존중하고 가족과 사회에 이득이 되는 그들의 제안을 받아들이는 것이다.

이런 세대 간의 교환은 사실 많은 가족들이 일상적으로 하고 있는 것이다. 가족법이 바뀌고 평등한 민주사회에 살게 되어 부모와 기성세대는 자녀와 젊은 사람의 정당한 견해와 건설적인 의견을 존중해주고 필요하다면 이를 따르는 것이다.

그러나 부모님과 어른의 말씀이나 지시도 무조건 순종해야 하는 것은 아니다. 이분들의 말씀이 도저히 받아들일 수가 없으면 그분들에게 공손히 부드러운 말로 다른 견해를 제시할 수 있다.

이것을 어른에게 간(諫)을 하는 것이라고 경전에 적혀 있다(예기, 하 12).

오늘날 진보적인 어른은 무조건 젊은 사람에게 순종을 요구하거나 기대하지 않는다. 자기들 스스로 젊은 사람의 모범이 되어 이들이 따르도록 노력한다.

* 의논을 해서 하는 존경

[의논을 하거나 충고해달라고 부탁하여 경의를 표하는 것]

개인의 일, 가정의 일, 직장의 일, 지켜야 할 관습과 의식 등에 관해서 의논을 하고 충고를 받음으로써 경의를 표하는 방식이다. 의논을 함으로써 어른과 젊은 사람이 다 같이 혜택을 받을 수 있다. 젊은이는 필요한 정보와 도움을 받을 수 있고 어른은 보람을 느끼고, 자존심을 높이며 개인적 만족을 하게 된다.

고령자도 젊은이에게 특정한 주제에 관한 의견을 묻고 그것이 도움이 되면 받아들일 수 있다. 학교에서나 산업장에서 흔히 젊은 사람(학생, 종업원, 기술자 등)으로부터 새로운 아이디어를 잘 수렴하는 데서 창의적이고 발전적인 변화가 일어나고 있다. 가정에서도 역시 어른이 젊은 가족원들의 좋은 의견을 잘 수렴하는데서 긍정적인 변화를 볼 수 있다.

논어(季氏篇 16편 10)에는 다음과 같은 의논에 대한 공자의 말이 있다.

"군자에게는 아홉 가지 생각하는 일이 있느니라. 듣는 데는 총명하게 듣기를 생각하고, 말은 성실하게 하기를 생각하고, 의심나는 것에는 묻기를 생각해야 한다."

그리고 예기(하, 12)에는 자녀는 크고 작은 일을 막론학고 부모에게 물어서 처리해야 한다고 지적되어 있다.

이런 말은 모두 가정생활과 사회관계에서 어른과 경험자와 의논하고 이분들의 충고와 자문을 받아야 함을 알려주는 것이다.

* 음식대접으로 하는 존경

[즐기는 음료와 식사를 대접하는 방식]

어른에게 음식을 대접하는 것은 오랜 세월 전해온 우리의 관습이다. 효행자에 관한 이야기들에는 으레 어른이 즐기는 음식을 어렵게 마련하여 대접해서 효도했다는 내용이 실려 있다.

부모님의 식성과 기호에 따라 음식을 정성껏 장만하여 드리는 것이다. 그런데 음식을 대접하는 데 있어 공경하는 마음으로 해드리지 않는다면 예를 갖추어 대접하는 것이 못 된다. 부모를 섬기는 데는 외면적인 물질적 대접만을 해드리는 것으로는 충분치 않으며 내면적인 정서적 정의가 또한 깃들어 있어야 하는 것이다.

음식대접은 부모가 자녀에게 어릴 때부터 성인이 될 때까지 아니 그 뒤에도 그분들의 신체적 능력이 없어질 때까지 줄곧 정성으로 해주지 않는가. 아마도 음식대접이야말로 오히려 부모가 자녀에게 더 많이 해주는 섬김 방식이라고 해도 좋을 것 같다.

* 존댓말을 사용해서 하는 존경

[대화를 하거나 서신을 작성할 때 존댓말을 사용하는 방식]

우리는 사회관계를 이루는 데 있어 상대편을 높이고 나를 낮추는 관습을 예절로 지켜오고 있다.

존댓말은 우리가 대하는 사람의 사회적 위치와 그와 나와의 관계에 따라 표현이 달라진다. 이 표현은 우리의 어른에 대한 존경, 계층의식, 겸손 및 자기비하(나를 낮춤)를 나타내는 것이다.

우리의 문화에서는 어른을 존경하는 표현이 매우 다양하고 복잡하다. 존댓말에는 상대편을 '높이는 말'과 나를 '낮추는 말'이 있다. 존경은 낱말, 구절, 전치사와 후치사, 어미(낱말 끝)와 어두(낱말 첫머리)에서 나타나며 문장 전체가 존경하는 내용으로 되어 있는 경우도 있으며 이런 것이 존경의 정도와 존경할 대상에 따라 그리고 주위 사정에 따라 달라진다. 서양사람이 한국어를 배우는 데 가장 어려운 점이 바로 이 존경하는 말과 표현을 배우는 일이다.

그리고 어른을 만날 때 경의를 표하기 위하여 그분의 이름 다음에 그분의 호칭(부인, 선생님, 여사님, 박사님, 반장님, 회장님, 과장님, 선배님, 기사님 등)을 붙여서 부른다.

어른도 젊은 사람/아랫사람을 존중하는 말을 흔히 사용한다. 부모와 어른이 자녀와 젊은 사람에게 똑같은 경어 또는 존경하는 말을 사용할 수는 없으나 젊은 사람을 존중하는 뜻이 함축된 표현은 흔히 사용한다. 예를 들어 '군', '양' 또는 '미스터', '미스'를 붙여 젊은 사람의 이름을 부른다든지, "이렇게 해주기를 바랍니다(또는 바라네)", "여러분의 노고에 감사하오", "김 양/김 군 생일을 축하하네" 등의 표현들은 젊은 상대를 존중해서 하는 뜻이 포함되어 있다. 기성세대는 앞으로 이러한 젊은 세대를 존중하는 표현을 때와 장소에 맞게 더 자주 더 많이 사용해야 할 것이다.

* 보살핌으로 하는 존경

[정서적 및 수단적으로 돌보는 방식]

이 방식은 존경을 표시하는 가장 대표적인 방식이다. 이 방식이 저자의 연구에서 성인 자녀들이 제일 중요시하고 제일 흔히 사용하는 방식으로 나타났다(성규탁, 『한국인의 효』, 제3권, 2010; 성규탁, 『어른을 존중하는 중국, 일본, 한국 사람들』, 2011 참조).

보살핌은 마음과 몸을 다 같이 섬기는 것이다. 상대편을 마음속에서 우러나는 정성으로 돌보고, 염려해주고, 기쁘게 하고, 마음을 편하게 해주고, 자주 시간을 함께하고, 개인적 케어를 해주고, 음식을 장만해주고, 집안일을 돌보아주고, 교통편을 제공하고, 보건의료 서비스를 해줌으로써 표현하는 섬김 방식이다. 이처럼 이 방식은 내면적 정서적인 돌봄은 물론 외면적 수단적인 돌봄도 함께해 주는 것이다.

자녀가 부모로부터 받은 돌봄은 끝이 없고, 한없이 넓고, 깊은 것이다.

부모는 성인이 된 자녀에게도 대가를 바라지 않고 이들의 복리와 발전을 위해 격려하고 위로하며 이들이 도움이 필요로 할 때는 정서적 또는 수단적으로 돌본다.

참다운 돌봄은 인(仁)의 실현이다. 인의 가치는 측은지심(惻隱之心)에 담겨 있다. 측은지심은 남을 딱하고 불쌍히 여기고 남의 어려움을 자발적으로 나누어 가지는 이타적인 가치이다.

다른 사람을 돌본다는 것은 이러한 측은지심의 발로이다.

보살핌은 사람과 사람 사이의 관계를 유지하는 데 가장 중요한 요소이며 인간관계를 끈끈하게 만드는 접착제 역할을 한다.

* 외모를 갖추어 하는 존경

[의복을 단정하게 입고 화장을 평범하게 하고 예의가 있고 공손한 외모를 갖추는 방식]

이 방식은 우리 문화에서 노소간에 지켜야 할 예절로 되어 있다.

어른을 만날 때 의복을 단정하게 입고 자세와 태도도 바르게 하고 간다.

의복과 함께 머리모양, 장신구, 보석, 신발도 모두 지나치지 않고, 잘 다듬어졌고, 일반적인 관행에 맞는 것이라야 한다. 얼굴모습도 고르게 해야 한다. 웃을 때 이빨이 드러나지 않게 하고, 이상한 얼굴표정을 하지 않으며, 싫음도 몸을 가누어 표현하도록 노력하는 것이다. 모습은 사람의 마음을 반영하는 것이다.

어른도 역시 젊은 사람을 대할 때 이 방식을 흔히 사용한다. 예를 들어 부모가 집안의 젊은 사람이 베푸는 향연이나 모임에 임할 때, 교사가 학생들 앞에서 강의할 때, 사장이 직원들 앞에서 훈시할 때 용모를 단정히 하고 복장을 바르게 입고 출두한다.

형식과 의식 같은 상징적(象徵的)인 것을 중요시하는 동아시아 문화에서는 외모를 갖추는 것은 사회적 교환을 하는 데 있어 지켜야 할 기본예절이다.

나의 옷차림과 용모는 나의 사회적 자격을 나타내고, 나에 대한 사람들의 신뢰감을 조성하며, 다른 사람에 대한 존경을 나타내는 중요한 비언어적 커뮤니케이션이다. 사람들은 나의 외관을 보고 나에 대한 첫인상을 가지게 된다.

* 윗자리를 제공해서 하는 존경

[존경의 뜻을 나타내는 자리 또는 장소나 역할을 제공하는 방식]

어른에게 윗자리 또는 가운데 자리를 제공하여 존경의 뜻을 나타낸다. 또 따뜻한 방, 난로 옆자리, 시원한 곳을 마련해 드리기도 한다. 이 방식은 집터와 묏자리를 고르는 데 많은 에너지를 사용하는 우리 문화에서 중요한 섬김 방식으로 통용되어 왔다.

이 방식도 젊은 사람에게 연장자가 사용할 수 있다. 예를 들어 부모와 어른은 자녀와 아랫사람의 생일날, 졸업을 축하하는 모임, 자녀와 아랫사람이 주도하는 가족회의나 모임에서 이들에게 가운데 자리를 제공해주어 그들에게 축하의 뜻, 그들의 역할과 그들이 수행할 책임을 존중한다는 뜻을 표시할 수 있다.

윗자리를 제공해서 섬기는 것은 오래된 우리의 전통적 생활예절이다. 위계적이고 의식(儀式)과 형식을 중요시하며 나를 낮추고 윗사람을 높이는 동아시아 사람의 문화적 관습이다.

* 축하해서 하는 존경

[탄생일을 축하하는 방식]

부모와 가족원, 그리고 친근한 분들의 생일을 맞이하여 그분들에게 경의와 애정을 표하고 앞으로 건강하게 잘살도록 소원하는 뜻이 있는 섬김 방식이다.

2500여 년 전에 공자는 부모의 탄생일을 잊지 않고 축하해야 한다고 했다(논어, 4, 21).

탄생일이나 특별히 축하할 일이 있을 때 연고가 있는 사람이 모여 축하연회를 가질 수 있다. 이렇게 하지 못할 때는 꽃, 축하선물 또는 카드를 보낼 수 있다. 멀리 떨어져 있을 경우는 전화나 이메일 또는 카드로 축하의 뜻을 전한다.

가족행사 가운데서 부모의 60회(회갑) 생신은 전통적으로 중요하게 다루어졌다. 생명이 연장됨에 따라 70회(고희), 80회(팔순), 90회(졸수) 생신도 이제는 가족에 따라 60회 생신 못지않게 정중히 축하를 한다.

생신은 한 해 더 고령이 되는 부모님에게 일생의 중요한 전환점이 되는 시점이다. 그래서 가족들은 건안하게 이때를 맞이하신 것을 축하하는 겸 나이를 더하신 부모님을 위로하는 뜻에서 축하 행사를 한다. 이렇게 축하하는 것은 그분들에 대한 섬김과 애정을 정서적이고 행동적으로 뚜렷하게 나타내는 과시적 효과도 있다.

부모생신뿐만 아니라 다른 가족원들의 생일에도 부모와 함께 모여 서로 축하하고 격려하며 위로하는 행사를 가진다.

아랫사람(나이가 아래인 가족원)이 태어난 생일도 가족에게 기쁜 날이다. 어린이의 생일, 소년/소녀의 생일, 젊은 성인의 생일도 가족원들 모두가 함께 축하하는 날이다. 이들의 앞날을 축복하고 이들을 길러주신 부모님에게 감사하는 축일이다.

무엇보다도 정성을 드려 너그럽게 축하하는 마음을 가져야 한다.

* 이웃 고령자에 대한 존경

[이웃의 고령자와 동리 사람을 돌보는 방식]

효는 가족의 범위를 벗어나 이웃과 넓은 사회로 연장된다. 즉, 도움이 필요한 이웃의 고령자들과 동리 사람을 돌보는 것이다.

맹자는 효의 범위를 확대하여 다음과 같이 말했다.

"내집 어른을 존경하는 마음을 다른 집 어른을 대하는데도 미치게 하고, 내 집 어린이를 사랑하는 마음을 다른 집 어린이까지 미치게 하는 것이다"(맹자, 1 양혜왕장구 상 7).

넓은 사랑(인)을 반영하는 이웃 섬김은 오늘날 그 필요성이 커지고 있다.

가족의 지원능력이 저하되고 자녀와 부모가 떨어져 사는 현대 사회에서는 이웃 지원은 매우 중요하고도 필요하다. 이웃을 지원 해줌으로써 가까운 장래에 내가 이웃으로부터 지원을 돌려받을 수 있는 것이다.

커뮤니티 케어(지역사회공동체가 제공하는 보살핌)와 같은 공 동사회의 성원들이 지역사회의 개인, 가족, 집단, 단체가 가지는 다양한 자원을 활용하여 운용하는 폭이 넓은 서로 돌봄 체계가 필요하다.

우리에게도 이와 비슷한 사업을 한 역사적 전례가 있고 지금 도 이런 활동을 사방에서 하고 있다. 앞서 제1장에서 공동사회를 위한 서로 돌봄의 사례인 향약, 계, 새마을운동 및 자원봉사에 관 해서 논하였다.

공동사회 중심으로 고령자와 연소자가 함께 어울려 팀이 되어 돌봄을 주고받는 프로그램에 대해 많은 관심을 가져야 하겠다.

다시 말해서 젊은 사람과 고령자가 서로 섬기는 호혜적 관계 는 측은지심에서 시작될 수 있으며 이 관계는 사회체계를 인간 화하고 안정시키는 접착제 역할을 할 수 있는 것이다.

* 선물로 하는 존경

[물질적 선물-돈, 의복, 음식, 생활용품 등-이나 비물질적 선 물-편의, 혜택, 명예로운 역할 등-을 증여하여 섬기는 방식]

이 섬김 방식도 역시 우리 사회에서 오랜 세월을 두고 행해온 문화적 관습이다.

우리는 집안 어른, 윗사람, 선생, 훌륭한 사람 등 존경하는 사람을 만날 때 무엇을 해주어야만 하는 심정, 주지 않으면 유감되고 마땅치 못하여 후회하는 성향을 가진다. 여기에도 겸손, 체면, 화합, 상대방의 기분 중시, 돌보려는 의지가 작용하는 것이다. 이런 우리의 성향은 주어도 그만, 아니 주어도 그만인 서양사람의 관행과 대조된다.

선물은 애정과 우의(友誼)의 표시임은 물론 상대편을 지원하는 뜻이 있고 무엇보다도 존경하는 뜻이 포함되어 있다. 고령자는 돈을 포함한 쓸모 있는 물건을 선물로 받는 것을 매우 고맙게 여긴다. 애정이 담겨 있는 카드, 꽃, 전에 찍은 사진, 건강에 관한 책 등을 보내는 것도 좋은 선물이 된다.

선물도 부모가 자녀에게 주는 경우가 많다. 공부를 잘하도록, 어떤 바람직한 일을 했기 때문에, 집안의 자랑이 될 일을 해서, 애정을 표시하려고 전하는 경우가 잦은 것이다. 선물은 질이 좋은 것이라야 하지만, 너무 값비싼 것이면 적당치 않다. 왜냐하면 받는 사람에게 부담을 주기 때문이다.

* 장례를 통한 존경

[부모(또는 친족)과 연고가 있는 분이 돌아가신 후 장례를 경건하고 엄숙하게 치름으로써 고인에게 경의와 애정을 표하는 방식]

부모와 친족 또는 연고가 있는 분이 돌아가신 후 상례(喪禮, 돌아가신 분에게 올리는 예식)와 장례(葬禮, 매장 또는 화장에 앞서 올리는 예식)를 경건하고 엄숙하게 올림으로써 그분의 서거를 애도하고 그분에 대한 애정과 경의를 표하는 방식이다.

이런 상장례는 매우 감동적이고 엄숙한 행사이다. 서거하신 부모님에게 효도를 계속하고, 고인이 된 친지에게 경의와 우정을 표하는 특별한 예절이다.

자녀는 작고하신 부모님에 대한 효를 행하기 위해 정성을 다하여 장례의식을 치른다. 의식을 올리는 데 있어 특별한 의복을 입고 통곡을 하며 슬픔을 표시한다.

맹자는 다음과 같이 상례가 중요함을 지적했다.

"상례는 자녀의 일생에서 부모를 존중하는 가장 중요한 행사의 하나이다"(맹자, 滕文公章句上 5, 2).

논어(3, 4)와 중용(中庸, 19)에는 공자의 다음과 같은 말이 있다.

"사망한 부모에 대한 조의를 표하는 데는 형식적 의례보다는 마음속으로 슬퍼하는 것이 더 중요하다."

외면적인 의례보다는 내면적으로 우러나게 슬퍼하는 것이 더 중요함을 가르치는 명언이다.

한편 돌아가신 분이나 그분의 가족원과 친밀한 관계를 가지는 경우 그분의 자택(상가), 영안실 또는 장례회관으로 문상을 간다.

문상의 기본 뜻은 돌아가신 분의 죽음을 슬퍼하고 상주와 유가족을 위로하는 데 있다. 사회생활에서 지켜야 하는 매우 중요한 에티켓이다.

상주에게 하는 인사는 다음과 같이 짧은 편이 좋다.

"어른께서 작고하셔서 얼마나 애통하시겠습니까?", "상주님의 효심을 감지하고 있습니다."

조문(弔問)을 할 때는 대개 검은 복장에 검은 넥타이를 한다. 흰 복장을 하는 사례도 있다. 화려한 옷차림, 장신구, 화장을 삼간다. 여성은 어두운 빛의 정장이나 원피스를 입고 간다.

호상소에서 조객록(弔客錄)에 서명하고 부의금 또는 조위품을 전달한다(부의금은 슬픔을 나누고 상가를 도와주는 뜻에서 하는 것이다).

빈소에 들어가 영정 앞에서 헌화 또는 분향을 한다. 상주에게 서로 맞절을 하고 나서 애도의 뜻을 전한다.

애도의 편지를 할 경우는 자필로 써서 보낸다. e-mail로 하는 것은 정중하지 못하다.

맹자(2, 2: 7)에는 부모의 유체를 매장하는 데 있어 외관(外棺)과 내관(內棺)을 사용하는 점까지 설명해놓았다.

질이 좋은 관, 장의사, 산소 및 비석도 돌아가신 부모에 대한 애정, 경의, 의무감으로 선택한다.

장례가 끝난 뒤에도 가족에 따라 오랜 기간 애도를 한다.

* 조상에 대한 존경

[제삿날과 경축일에 일정한 윗대의 조상이 작고한 날을 기념하기 위해 제사를 올리는 방식]

제사는 후손이 조상의 은혜에 보답하기 위해서 올리는 예식이다.

공자는 "조상에 대한 제사를 경건하게 모셔야 한다"고 했다(논어, 3, 12).

맹자는 제사를 지내는 것이 효를 행하는 것이라고 다음과 같이 말했다.

"부모가 살아 있을 적에는 예로써 섬기고, 죽으면 예로써 장시 지내고, 예로써 제사를 지내면 효스럽다고 할 수 있다"(맹자, 5 滕文公章句上, 2).

제사에는 온 가족이 한 방이나 절간에 모여 조상의 위폐와 사진을 모시고 조심스럽게 마련한 음식을 차려놓고 절을 한다. 이러한 예식이 끝나면 어른들은 자녀에게 조상에 대한 이야기를 들려준다. 그럼으로써 젊은 세대가 가족의 뿌리를 잊지 않고 조상으로부터 받은 혜택을 알도록 하려는 것이다. 가족의 사당을

꾸미고 조상의 산소를 가꾸는 것도 역시 조상에 대한 경의를 표하는 방식이다.

돌아가신 조상을 위한 제사는 기제, 차례, 시제가 있다.

전통적으로 한국, 중국, 일본을 포함한 동아시아 문화권에서는 조상에 대한 예는 후손이 수행해야 하는 매우 무겁고도 당연한 의무로 되어 왔다.

위에 여러 가지 존경을 표현하는 방식들은 저자가 한국의 성인들을 대상으로 조사해서 얻은 자료를 바탕으로 구별한 것이다 [이 조사 다음에 중국과 일본에서 행한 저자의 조사에서도 같은 존경방식들이 식별되었음(성규탁, 『어른을 존중하는 중국, 일본, 한국 사람들』, 2011 참조)].

존경을 체계적으로 설명하는 자료가 매우 드물다. 위의 방식들은 존경을 어떤 구체적 행동을 통해서 표현할 수 있는가 알려준다. 이 방식들은 노소가 사회적 교환을 하는데 그때그때의 처해 있는 사회적 맥락에 알맞게 실천할 수 있다.

존경의 표현방식은 시대의 변화에 따라 수정되어 가고 있다. 이런 변화에 대해서도 이해하고 있어야 하겠다.

다음은 존경을 표현하는 방식들이 수정되고 있는 방향을 간략히 제시한 것이다.

- 복잡한 표현 → 간단한 표현
- 길게 하는 표현 → 짧게 하는 표현
- 하기 어려운 표현 → 하기 쉬운 표현
- 여러 번 하는 표현 → 한두 번에 하는 표현
- 비용이 많이 드는 표현 → 비용이 적게 드는 표현
- 자기를 많이 낮추는 표현 → 자기를 덜 낮추는 표현
- 사회적 관행에 따른 표현 → 가족의 형편에 따른 표현

섬김 방식은 생활방식의 변동에 따라 위와 같이 수정될 수 있다. 그러나 사람을 섬겨야 한다는 윤리적 원리는 예나 지금이나 다를 바가 없다.

위의 다양한 방식들로 표현되는 존경/섬김은 돌봄을 표현하는 방식이기도 하다. 즉, 사람을 섬기는 데는 그 사람을 돌보는 행위가 따르고 사람을 돌보는 데는 자연 그 사람에 대한 섬김이 깃들어 있는 것이다.

모름지기 섬김은 그 대상이 모든 사람(심지어 동식물에 이르기까지)을 사랑하는 인애(仁愛)에 바탕을 둔 측은지심에서 시작된다. 측은지심은 사람을 딱하게 여기고, 살신적(殺身的)으로 돌보고, 마음과 몸으로 섬기는 가치이다.

섬김은 어른에 대한 것으로부터 젊은이에 대한 것으로 자연 확대되어가야 한다. 인애(仁愛)의 정으로 어른 섬김과 젊은 사람 섬김을 함께 실천하는 호혜적인 섬김으로 발전시키는 노력이 필요하다. 서로 우선적으로 섬기는 것이 참다운 인애의 실현이라고 보기 때문이다.

제5장 내면적 돌봄과 외면적 돌봄

:: 돌봄의 뜻

돌봄은 단순히 다른 사람을 도와주려는 느낌 또는 감정의 차원이 아니라 그의 안녕을 실제로 증진시키는 행동으로 이루어진다.

사람을 돌본다는 것은 그에게 관심을 가지고 그의 인격을 존중하며 그의 안녕을 걱정하고 그가 필요로 하는 돌봄을 자발적으로 제공하는 것이다. 따라서 측은지심의 발로라야 한다.

돌봄의 의무를 수행하는 데 있어 우리는 그분이 필요로 하는 돌봄의 내용을 먼저 파악해야 한다. 이런 필요성을 감안하여 이 장에서는 돌봄의 차원 또는 내용에 대해서 논의하고자 한다.

:: 돌봄의 내면적 차원과 외면적 차원

돌봄은 크게 나누어 두 가지 내용을 담고 있다. 하나는 내면적 돌봄이고 다른 하나는 외면적 돌봄이다.

인간존중의 가치를 반영하는 돌봄은 외면적(행동적 또는 수단적) 차원과 함께 내면적(정서적) 차원도 포괄적으로 갖추어야 한다.

돌봄은 부모를 존경하는 방식들 가운데서 으뜸가는 항목으로 저자의 조사에서 나타났다(성규탁, 2001, 2005; Sung, 2007).

어떻게 효를 하면 좋겠느냐고 제자가 공자에게 질문하자 공자는 부모를 물질적(외면적, 수단적)인 방법으로만 돌보는 것은 부족하며 정서적(내면적)으로 마음에서 우러나게 존중하며 대접하는 것이 중요함을 지적하였다(논어, 2권, 7장).

효에 관한 문헌에는 어김없이 부모의 마음과 몸을 함께 돌보아야 한다고 되어 있다.

부모를 정서적(내면적)이고 수단적(외면적)으로 돌보는 데 관해서 예기(禮記)(상 1; 하 12)에 다음과 같이 구체적으로 기술되어 있다.

"효자는 부모를 즐겁게 해 드려야 하며 이분들의 의사에 어긋나는 언행을 해서는 아니 되며, 즐거운 것을 보고 듣도록 해야 하고, 편한 잠자리를 제공해야 한다. 아침에 일어나면 아들 부부는 부모의 거실에 가서 문안을 드리고 공손한 말로 의복이 따뜻한가 불편한 곳은 없는가 알아보고 만약 고통스럽거나 불편한 점이 있다고 하면, 이를 해소해 드려야 한다. 그리고 그분들이 원하는 음식을 대접해야 하며 그 음식은 맛이 있고 신선하고 연하고 향기로운 것이라야 한다."

이 글에는 돌봄의 내면적(정서적) 및 수단적(외면적) 차원들이 통합되어 있다.

이 점과 연관해서 송복(1999) 교수의 다음과 같은 설명을 참고할 수 있다.

"예(禮)는 외면적, 형식적으로 지키기만 해서 되는 것이 아니라 내면적, 마음속으로까지 깊이 수용해서 …… 이 양면이 모두 조화, 균형이 되어 합일의 상태를 이루어야 예라는 것이 이루어지는 것이다."

:: 돌봄의 구분

주로 고령자들이 필요로 하는 여러 가지 서비스를 아래와 같이 크게 내면적인 것과 외면적인 것으로 나누어 볼 수 있다.

먼저 내면적 돌봄을 나타내는 지표로 다음을 들 수 있다. 주로 정서적인 돌봄의 보기이다.

* 내면적 돌봄의 보기
 · 마음을 편하게 함
 · 존경을 함
 · 걱정을 들어 줌
 · 딱하게 여김
 · 동정을 함
 · 대화를 함
 · 친밀한 관계를 가짐
 · 마음으로 도와 줌
 · 사회적으로 대우를 함
 · 생활에 만족하도록 함
 · 고독감을 해소해 줌 등

다음 외면적 돌봄의 보기는 주로 표면에 나타나는 행동적 또는 수단적인 것이다.

* 외면적 돌봄의 보기
 · 비상금을 마련해 줌
 · 건강을 유지토록 도움
 · 여가활동을 지원함
 · 음식구입을 도움
 · 의료비를 지불해 줌

- 교통편을 제공함
- 주택유지를 지원함
- 물건구입을 도움
- 약 복용을 도움
- 식사 시중을 함
- 세수, 옷 갈아입기를 도움
- 집안일을 도움
- 목욕을 도움
- 용변을 도움
- 외출 시 동반함
- 취미활동을 지원함
- 취업을 도움
- 원하는 공부를 하도록 도움 등

내면적 돌봄과 외면적 돌봄은 서로 연계되어 있어 외면적인 물질적 돌봄을 제공하면 내면적인 정서적 돌봄도 다소간에 이루어질 수 있는 것이다. 그러나 아무리 많은 물질을 제공하여도 정서적인 성과를 얻지 못하는 경우도 있다.

경제적으로 부유하게 살게 되고 사회복지제도가 발전하면 고령자들은 물질적 지원보다도 정서적 돌봄을 더 값있는 것으로 받아들여지게 될 것으로 본다.

:: 내면적 돌봄의 중요성

돌봄은 사람들 사이의 인간관계 속에서 시작되고 진행된다. 다른 사람을 온정으로 존중하면서 대하지 않고서는 그 사람을 진정으로 돌보거나 치료해줄 수 없는 것이다. 이 점은 부모 자녀 관계에서도 마찬가지이다.

어떤 효자는 아버지와의 정이 간절하여 아버지가 생전에 좋아하던 과일을 볼 때마다 돌아가신 아버지 생각이 나서 그 과일을 차마 먹지를 못했다는 이야기가 논어에 실려 있다. 부모에 대한 보살핌과 서비스는 이런 깊고 두터운 애정과 경의를 바탕으로 시작되어야 한다는 뜻으로 이 이야기를 해석할 수 있다. 이런 측은지심은 부모가 자녀에게 하는 돌봄과 서비스에 나타날 수 있는 내면적인 것이다.

부모와 아들딸이 마음속에서 우러나는 온정으로 서로 존중하면서 돌보지 않는다면 그것은 올바른 서로 돌봄이 되지 못하는 것이다.

부모의 가장 큰 (내면적인) 걱정은 자녀의 건강이다. 제자 맹무백이 효에 관해 질문하자 공자는 다음과 같이 말했다.

"부모는 오직 자식의 병(病)을 걱정하느니라"(논어, 위정: 孟武伯 問孝子曰 父母其疾之憂).

이 말은 부모는 자식이 병을 앓지 않고 탈 없이 안전하게 오래 살기를 가슴속에서 소원하고 있음을 뜻한다.

자녀 측에서도 제일 걱정하는 것은 부모의 건강이다. 사실 고령의 부모가 자녀로부터 받는 으뜸가는 돌봄은 건강과 관련된 것이다.

위와 같이 서로 돌봄의 본질은 부모와 자녀가 사랑과 존중을 주고받으며 가장 귀중한 생명을 서로 경외(敬畏, 두려워하며 존중함)하는 것이라고 볼 수 있다.

예기(禮記)의 첫머리(1권, 1장)에 다음과 같은 말이 있다.

"부모의 뜻을 거역하지 말고 그분들이 즐거워하는 것을 들려주고 보여주도록 해야 한다."

그리고 논어에는 다음 말이 있다.

"부모의 생신을 맞이해서 그분들이 한 해 더 늙으신 것을 가엽게 여겨야 한다"(논어, 4, 21).

"부모의 죽음을 슬퍼하는 데 형식에 치중하는 것보다 마음속으로 슬퍼하는 것이 더 중요하다"(논어, 3권, 4장).

위의 말들은 자녀의 부모에 대한 마음속에서 우러나는 정의,

존경, 애정, 즉 돌봄의 내면적 차원이 중요함을 알려주고 있다. 이런 내면적 차원이 곧 돌봄의 근원이 된다고 볼 수 있다.

우리의 동아시아 문화권에서는 다른 사람을 돌본다는 것은 인(仁)의 실천을 의미한다. 인은 사람과 사람이 사랑, 인간애를 서로 교환하는 것이며 모든 사람을 대하는 데 실천해야 하는 가치이다.

오늘날 의료와 사회복지를 담당하는 시설에서도 서비스 제공자들이 환자와 고객들에 대한 올바른 내면적 돌봄을 제공하는 것을 매우 중요시한다. 질이 좋은 서비스와 치료를 제공하기 위해서는 서비스 제공자와 치료자가 무엇보다도 먼저 따뜻한 심정으로 환자와 클라이언트를 맞아 주고, 그들을 너그럽게 대하고, 그들을 인격을 지닌 소중한 사람으로 여기고, 그들의 개인적인 생활스타일과 신조를 존중하는 마음의 자세, 즉 돌봄의 내면적 차원을 먼저 갖추어야 함을 강조하고 있다.

서비스 제공자의 가치관은 매우 중요하다. 왜냐하면 그것이 환자와 클라이언트를 위한 돌봄의 방법과 질을 좌우할 수 있기 때문이다.

사람을 푸대접하고 이들의 문제를 가볍게 보는 서비스 제공자들이 있다는 사실을 생각할 때 이런 요건은 갖추어야 한다는 것은 매우 중요하다.

지금까지 대부분의 서비스 제공자들이 수단적 또는 양적인 차원에서 사람을 돌보는 데 관심을 집중한 나머지 돌봄의 정서적이고 질적인 면을 소홀히 다룬 경향이 없지 않다. 정서적 또는 내면적 차원은 눈으로 볼 수 없고 계산을 해서 숫자로 나타내기가 어려우나 우리의 심정을 울리고 가치관을 나타내는 것이다. 겸손과 분수를 지키며 인간존중의 가치를 신봉하는 우리에게는 매우 중요한 과제이다.

따라서 우리는 돌봄의 내면적인 차원을 외면적인 차원에 못지 않게 중요시하고, 이 두 차원을 통합해서 부모와 자녀가 서로 돌보아 나가도록 유도해야 하겠다.

:: 가족원의 돌봄: 문화적 차이

앞서 소개한 바 있는 일본의 가족원들과 미국의 가족원들의 돌봄을 주고받는 관계를 비교 조사한 Antonucci, Akiyama 및 Birditt 교수들(2004)의 보고에서 나타난 일본과 미국 두 비교집단들 사이에 진행된 내면적 및 외면적 교환의 차이에 대해서 살펴보고자 한다.

우리와 비슷한 문화적 맥락에서 사는 일본의 노부모와 가족원들은 교환의 균형에 구애받지 않고 무엇이든 주고받는가 하면 미국의 노부모와 가족원들은 같은 것을 같은 정도로 주고받는 교환을 하는 특징이 나타났다.

미국의 가족원들은 교환을 하는 데 있어 물질적(외면적)인 것에 대해서는 물질로 갚는 버릇이 있다. 즉, 미국의 시부모는 자기네들이 받은 것과 같은 종류의 것을 며느리와 딸에게 돌려준다. 주고받는 것들의 양이나 종류까지도 같다고 한다. 이와 대조적으로 일본의 부모는 며느리와 딸로부터 무엇을 받았던 간에 애정이나 감사 또는 칭찬(내면적·정서적인 것)으로 갚는 경향이 있다. 즉, 물질적인 것에 대해서 정서적인 것으로 갚는다.

그래서 이 교수들의 비교연구에 의하면 미국의 가족원들은 균형이 있는 교환을 선호하여 이들 사이에는 받은 것과 같은 종류이고 같은 가치를 가진 것을 받은 후 즉시 갚는 교환규칙이 통용되고 있다. 미국의 노부모는 자녀로부터 도움, 혜택 또는 선물을 받으면 같은 것을 도로 갚아주어야만 마음이 편하고 공평한 일을 했다고 느끼는 성향을 갖는다는 것이다. 이러한 미국인의 태도와 행동에는 자녀와 부모가 서로 동등한 권리를 가진 독립된 개인으로서 상대편에게 의존하지 않겠다는 개인적인 신조와 문화적 가치가 반영되어 있다고 본다.

그런데 일본의 노부모들은 자녀와의 교환관계에서 두 가지 형태의 교환을 한다는 것이다. 즉, 가족원들 사이에서는 '비균형적 교환'을 하고 가족이 아닌 사람들과의 교환에서는 '균형적 교환'을 한다는 것이다.

가족원들 사이에서는 내면적인 애정, 감사, 칭찬, 예우의 교환을 더 중요시하며 이런 교환을 널리 활용하고 있다.

재미있는 현상은 일본에서는 가족원들 사이에 받은 것과 똑같은 물질적인 것을 주는 것이 자칫하면 가족원의 깊은 애정관계를 얕보는 또는 모욕하는 것으로 해석되는 경우가 있다는 것이다. 친밀한 사람으로부터 받은(내면적인) 사랑과 감사는 외면적인 물질 또는 물건으로 표현하기가 어렵다고 보는 성향이 짙어 이런 반응이 나는 것으로 보인다. 이런 반응은 앞서 Gouldner가 지적한바 친밀한 사람으로부터 조건이 붙지 않는 은혜를 받은 사람은 무엇으로든 갚기가 어렵고 영원히 빚을 지게 된다는 믿음이 반영되어 있다고 볼 수 있다.

깊은 애정과 친밀성(내면적)으로 이루어진 서로 돌보는 관계에서는 대개의 경우 위의 일본가족연구자들과 Gouldner가 보고한 바와 같이 정확히 똑같은 양의 혜택(선물)을 상대방으로부터 받을 기대를 하지 않기 때문에 양자 간의 갈등관계와 불균형이 생긴다고 해도 조만간 그것이 조절, 해소될 수 있다고 본다.

위의 사례는 문화적 맥락에 따라 돌봄(선물주기)의 내면적 차원과 외면적 차원의 중요성이 달라질 수 있음을 시사한다.

일본인의 위계적이고 가족 중심적인 생활환경에서는 정서적 차원이 더 중요시되는 경향이고, 개인 중심적이고 합리주의적인 미국인의 생활에서는 수단적이고 물질적인 물물교환에 더 많은 관심이 쏠리는 경향이 있음을 시사한다. 또한 돌봄의 내면적 및 외면적 차원이 다 같이 중요하지만, 돌봄을 받는 사람의 가치관과 가족생활의 사회문화적 맥락에 따라 어느 차원이 더 바람직한가 정해지는 경향이 있음을 알려주기도 한다.

일본인의 경우는 친밀하고 상호 의존적인 가족관계를 가지며 고령의 부모를 존중하는 문화적 맥락에서 겸손과 양보의 정이 발로되어 받은 선물의 내면적 및 외면적 특성에 특별한 관심을 두지 않고 오직 젊은 가족원이 어른으로부터 받은 정의와 애정 – 내면적 돌봄 – 에 대해 감사하는 경향이 있는 것으로 보인다.

두 비교집단들 사이의 위와 같은 대조적인 성향은 두 나라 사람들의 문화적 특성 때문에 생긴 차이라고 볼 수 있다.

이 장에서는 서로 돌봄의 내면적 및 외면적 차원들이 종합적으로 실행되어야 함을 논의하였다. 특히 우리와 같은 문화적 배경을 가진 일본인들의 내면적 돌봄을 중요시하는 상향을 알아보았다.

[돌봄의 내면적 및 외면적 유형의 구체적인 보기에 대해서 제2부 실천: 변하는 돌봄 방식을 참조하기 바람.]

제6장 서로 섬김의 예절

우리는 전통적으로 가정생활과 사회관계에서 예(禮)를 지키는 데 많은 에너지를 쓰면서 예(禮)의 나라 사람으로서 자부심을 가져온 민족이다. 예란 인간관계를 유지하는 데 있어 사람이 사람으로서 마땅히 지켜야 할 마음가짐, 태도 및 행동을 말한다[예절은 예를 지키는 데 있어 따라야 하는 규칙과 약속이다].

서로 돌보는 호혜적인 인간관계를 유지하는 데 필수적인 조건이 다른 사람을 존중하는 것이다. 저자가 행한 효에 관한 조사에서 존경이 가장 중요하고 또 가장 자주 실천되었다는 사실, 존경은 돌봄을 내포하고 있다는 점, 그리고 '섬긴다' 및 '존경한다'는 다 같이 '돌본다'의 뜻을 담고 있음을 다시 한 번 분명히 하고자 한다.

이러한 맥락에서 우리가 지향하는 서로 돌봄과 연관해서 예를 지키는 데 대해 논의하려 한다.

일찍이 공자(孔子)는 예(禮)를 인간생활의 기본으로 삼고 다음과 같이 말했다.

"예가 아니면 보지 말고, 예가 아니면 듣지 말고, 예가 아니면 말하지도 말고, 예가 아니면 움직이지 말라"(논어, 12, 顏淵, 1, 子曰 非禮勿視 非禮勿聽 非禮勿言 非禮勿動).

예를 지키는 것의 당위성과 책임성을 강조한 말이다.

예기(禮記)에는 다음과 같은 말이 있다.

"사람이 예가 있으면 평안하고 예가 없으면 위태롭다. 이 때문에 예를 배우지 않을 수 없다"(예기, 곡례, 상 1).

이 말은 평안하고 안정된 인간관계를 유지하기 위해 예가 필요함을 뜻한다.

예절은 문화와 밀접하게 연계되어 있다. 문화는 사람들이 함께 가지는 가치를 반영한다. 가치란 사람들이 어떤 물질적(외면적)인 것이나 비물직적(내면적)인 것을 '중요하다', '값진 것이다'라고 보는 생각과 태도를 말한다. 이러한 가치는 예절을 조성하고 지키는 데 직접적인 영향을 끼치는 것이다.

:: 섬김: 예의 기본

예(禮)의 기본원리는 '나'와 '너'가 서로 섬기는 가치를 바탕으로 한다.

'섬기다'라는 단어는 국어사전에 *"공경하며 받들어 모시다"*로 기술되어 있다. '공경'과 '받들어 모심'은 다 같이 존경한다는 뜻과 돌봄의 뜻을 담고 있다. 따라서 존경과 섬김은 다 같이 '사람을 존중하며 돌본다'는 뜻을 품고 있다고 볼 수 있다.

사실 존경/섬김이 돌봄을 내포하고 있다는 데 대해서는 학자들의 의견이 일치하고 있다(Downie & Telfer, 1969; Dillon, 1992; Sung, 2007).

사람을 섬긴다는 것, 즉 존경한다는 것은 그 사람에게 관심을 가지고 그를 중히 여기며 그를 돌본다는 것이다.

그런데 중요한 점은 예는 섬김, 즉 존경과 연계되어 있다는 것이다.

공자는 다음과 같이 존경이 곧 예의 표현임을 지적했다.

"존경으로 사람을 대한다면 예를 행하는 데 무슨 어려움이 있겠는가?"(논어, 4, 13).

이 말은 사람과 사람의 상호관계에서 서로를 존중하는, 즉 섬기는 것이 곧 예의 기본이 됨을 뜻한다.

현대사회에서 통용되고 있는 신사도(gentlemanship)와 비즈니스
예절(business etiquette)도 '나와 네가 서로 섬긴다'는 기본원리를
바탕으로 하고 있다.

공자는 마음속에서 울어나는 존경심으로 부모를 대접하는 것
이 중요함을 다음과 같이 말했다.

"부모에게 먹을 것만 주면 된다고 본다. 하지만 개와 말에게도
먹을 것을 주지 않는가. 부모를 존경심으로 대접하지 않는다면
사람과 짐승 사이에 차이가 무엇인가"(논어, 2, 7).

예를 지키는 데는 외면적인 물질적 섬김만으로는 충분치 못하
며 내면적으로 섬기는 마음이 깃들어야 함을 가르치는 말이다.

:: 효—예의 실현

부모를 존경함은 효의 표현방식 가운데서 가장 중요하고 가장
자주 실행되는 항목이다. 이 사실은 저자가 행한 경험적인 조사
들에서 일관되게 나타났다(성규탁, 2005, 2010, 2011; Sung, 2007)
[이 조사들에서 부모에 대한 존경을 비롯한 애정, 은혜보답, 책
임, 희생 등 효행항목들이 식별되었음].

예절은 사람과 사람이 서로 섬기는 관계 속에서 이루어진다.

이런 점에서 존경/섬김을 핵심으로 하는 효의 실천은 곧 부모와 어른에 대한 자녀와 젊은 사람이 지켜야 하는 예절과 같다고 볼 수 있다.

효를 행한다는 것은 사람들이 올바르게 살아가는 데 있어 마땅히 지켜야 하는 예절인 것이다. 위에 인용한 선현들의 말도 바로 이 사실을 가리키는 내용이다.

:: 예절의 일반화

현대적 예절은 전통적인 가치와 현대적인 생활스타일을 결합해서 이루어진다.

예절의 한 보기가 되는 영국의 신사도는 영국의 중산층이 사람관계에서 지켜야 할 규칙과 약속이다. 이 신사도의 기본원리도 역시 나와 네가 서로 섬기는, 즉 존중하는 가치를 바탕으로 하고 있다(Martin & Charney, 2006).

효도 사람들이 서로 섬기는 윤리적 규칙으로 대중화와 세계화가 될 수 있는 도덕적 가치라고 본다.

우리의 문화적 가치인 효-세대 간의 서로 돌봄-는 영국의 신사도의 경우와는 달리 중산층뿐만 아니라 모든 사회계층에서 보편적으로 지켜지는 예(禮)이다.

한 사회의 문명된 정도와 그 사회에서 이루어지는 도덕적 관행을 알려면 그 사회 사람들이 지키는 예절을 보면 된다고 한다.

예는 사상가들과 지식인들이 오랜 세월에 걸쳐 다루어 온 주제이다.

공자는 2500여 년 전에 어른을 존중하고, 말을 조심하고, 외모를 갖추고, 생일을 축하하고, 겸손하게 행동하는 데 대해서 가르친 바가 유교경전에 기술되어 있다. 한국의 역대 왕조는 이 경전에 교시되어 있는 예(禮)를 바탕으로 나라를 다스렸다.

서양에서도 기원전 이집트 왕조 때와 그리스와 로마 시대에 예의 바른 행동에 대한 규정이 마련되어 있었다. 16세기에 와서는 영국의 신사도를 이루는 행동방식이 규정되었고 이 방식이 서양사회에 널리 전파되었다.

어느 나라나 문화에서든 개인이 지켜야 하는 사람 존중의 표시인 인사, 존댓말, 겸손한 태도, 외모와 매너, 음식대접, 윗자리 제공, 먼저 대접하기, 선물하기 등을 바르게 행하는 데 대한 규칙이 있다.

이런 개인이 지켜야 하는 규칙은 곧 사회적 및 국제적인 예절의 기본이 되는 것이다.

동아시아 전체가 산업화·도시화되고 민주화되어 사회구조가 변해 왔지만 한국인을 비롯한 동아시아의 중국인과 일본인은 여전히 전통적 예절을 지키는 데 에너지를 주입하는 경향이다(동금유, 2010; Streib, 1987; De Vos, 1988; Roland, 1989; 성규탁, 2011).

동아시아 문화에서 서로 섬김의 예절을 지키면서 이룩하는 사회관계에서는 너와 나가 안심하고 지낼 수 있고 서로 다르면서도 원만한 관계를 가질 수 있으며 사회관계의 안정을 이룰 수 있다.

[동아시아의 한국, 중국, 일본 사람들의 섬김에 대한 공통적 성향에 대해서 제3부의 제18장을 참고하기 바람.]

:: 한국인의 성향과 예절

우리가 지키는 예절은 우리의 국민적 성향을 반영하고 있다. 앞서 제시한 바 있지만 한국인의 다양한 성향 또는 가치를 아래와 같이 분류해서 정리해보았다(송성자, 1997; 엄예선, 1994; 손인주, 1992; 이부영, 1983; 최재석, 1983; 김태환, 1979; 이광규, 1981; 윤성범, 1977; 윤태림, 1977; 전미경, 김정현, 2008).

- 사람들과의 관계를 중요시한다.
- 가족 중심적이다.
- 상호의존적이다.
- 화합과 조화를 중요시한다.
- 체면의식이 강하다.
- 겸손을 중요시한다.
- 감정을 억제한다.
- 갈등을 회피한다.
- 간접적인 자기표현을 한다.

- 효를 중요시하고 어른을 섬긴다.
- 집단 지향적이다.
- 집단 소속감을 가진다.
- 권위와 계층의식이 강하다.
- 강한 우리의식을 가진다.

위와 같은 한국인의 성향은 근년에 서양의 개인주의 및 평등 주의 사상이 들어옴에 따라 약화되는 경향이지만, 아직도 이 가치는 일상적으로 한국인의 태도와 행동에 커다란 영향을 미치고 있다.

이 성향은 사람을 섬기고 돌보는 데 있어 다양하고 복잡한 형태로 영향을 끼치는 것으로 보고 있다(송성자, 1997; 엄예선, 1994).

이런 우리의 성향을 이해해야만 한국적인 서로 섬기는 예절을 이해, 수렴하고 서로 돌보는 구체적 방법과 절차를 세워나가는 데 도움이 될 것으로 본다. 이 부문에 대한 보다 체계적인 연구가 있어야 하겠다.

孝♥仁

제2부

실천: 변하는 돌봄 방식

제2부에서는 서로 돌봄을 내면적 및 외면적으로 실행하는 구체적 방법에 대해 살펴본다. 서로 돌봄을 실행하는 장(場)인 가족 안팎의 사정이 달라져 왔다. 돌보는 방법도 새로운 생활양식에 부합되도록 수정되어 가고 있다.

　변하는 가족형태와 서로 돌봄, 별거하는 자녀와 부모 돌봄의 사례, 부모가 위급할 때 부양자가 할 일, 고령자가 필요로 하는 돌봄의 내용, 돌보는 과정에서 부양자가 겪는 어려움, 돌봄을 위한 긴요한 방법인 사회지원망과 사회복지서비스에 대해 논술한다.

　가족 안팎에서 일어나는 역동적 변화에 대응하여 가족 안의 자원은 물론 가족 바깥에서 얻을 수 있는 각종 서비스를 활용해서 돌봄을 해나가는 실황을 논의한다.

제7장 변하는 가족과 돌봄

:: 가족과 돌봄

가족원들이 서로 돌보는 방식도 가족의 생활양식이 변함에 따라 점차 수정되어 가고 있다.

가족이 노부모를 돌보는 방식은 다양하다. 일상생활을 하는 데 불편한 점을 도와주는 일, 정서적 지원, 재정적 지원, 손끝으로 하는 보살핌, 잔심부름, 뒷바라지 등을 포함한 여러 가지 유형의 내면적 및 외면적 돌봄이 제공된다.

성인 자녀의 돌봄 의지가 높고 가족원들이 협동적인 관계를 가지는 경우는 제공되는 돌봄도 그만큼 커지고 많다. 하지만 가족의 돌볼 의지가 약하거나 없을 경우에는 비록 재정적 능력이 있다 해도 고령의 부모를 시설에 입소시키는 사례가 흔히 생긴다. 병원에서 치료를 받다가 퇴원하게 되면 가족이 있고 가족원들이 돌볼 의지가 있으면 대개 가정에서 돌보아진다.

이처럼 가족의 돌봄 의지는 노부모가 거택(居宅, 집안에 있으면서) 돌봄을 받느냐 아니면 시설로 가느냐의 선택을 좌우하는 주요인이 된다. 돌봄 의지란 곧 효행의지(부모에 대한 책임, 애정, 은혜보답, 존경, 희생 등)를 말한다.

가족의 정서적/내면적 돌봄은 매우 중요하다. 이런 돌봄은 가족원의 가슴속에서 울어나는 존경, 애정, 보은, 책임, 희생으로 제공되는 것이어서 노부모에게는 무엇보다도 반갑고 귀중한 것이다. 병원이나 요양원 같은 시설에서는 받기 어려운 따뜻한 가족적인 돌봄이다. 이는 병약하여 부양자에게 전적으로 의존하는 노부모에게 가족적 자아(自我)가 강한 가족원들이 책임성 있게 제공하는 돌봄이라 매우 값지고 인간적인 돌봄이 될 수 있다.

이러한 돌봄을 제공하는 능력은 가족의 역사, 협동, 경험, 경제형편, 가족원 수, 지역사회 지원활용 정도에 따라 다를 수 있다. 한편 가족이 돌보는 과정에서 겪는 스트레스, 좌절감 같은 정신적 문제, 그리고 돌봄을 하려는 동기 또는 의욕도 돌봄 정도를 좌우한다.

그런데 가족은 어떤 이유로 병약한 노부모를 돌보는 것인가?

그 으뜸가는 이유는 부모의 안녕을 도모하기 위한 자녀의 책임/의무를 수행하려는 것이라고 본다.

거택 돌봄에 영향을 주는 주된 수단적 요인 중 하나는 재정형편이다. 돌보는 데 필요한 약품, 보조기구, 간병인 고용 등을 주선하는 데 비용이 든다. 성인 자녀는 자신들의 자녀를 양육하고 있다. 그래서 부모 돌봄과 자녀양육의 두 가지 역할 사이에 갈등을 겪는 경우가 흔히 있다. 이 문제를 가족지원 부담이라고 하는데, 돌보는 과정에서 겪는 심리적 및 신체적 어려움, 재정문제, 스트레스를 말한다. 이의 해결책으로 가족 외부의 지원을 받아야 하는 사례가 늘어나고 있다. 지역사회에서 정부가 지원하는 봉사시설들과 민간의 비영리단체들이 제공하는 각종 사회복지서비스를 활용하는 것이다.

즉, 돌보는 가족의 어려움을 해소하고 돌보는 데 도움이 될 상담, 교육, 의뢰, 치료, 재활, 간호 등 서비스를 제공받으면서 자녀의 책임을 수행하는 것이다..

:: 주거형태의 변화와 돌봄

우리나라에서 가족이 노부모를 돌보는 형태를 크게 두 가지로 나눌 수 있다. 하나는 가족원들이 떨어져 살면서 돌보는 경우이고 다른 하나는 함께 살면서 돌보는 경우이다. 저자가 조사한 바에 의하면 거의 모든 고령자들이 필요할 때 도움을 요청하는 대상은 그들의 가족이다(제12장 돌봄을 위한 사회적 지원망 참조)

[이 경우 한 가구 내에서 노부모와 거주하는 또는 분산되어 있는 복수 가구에 사는 결혼한 아들과 며느리, 결혼한 딸, 미혼 자녀, 손자녀로 이루어진 가족을 말한다. 달리 말하면 부모의 핵가족, 아들의 핵가족, 딸의 핵가족, 손자녀의 핵가족이 하나의 커다란 가족망을 이루고 서로 돌보아 나가는 사례이다].

이 망 속에서 성인 자녀는 노부모를 돌보는 데 주도적 역할을 하며 동거하는 성인 자녀는 물론 분산된 가족원들도 대다수가 서로 돌보는 관계를 유지해가고 있다.

:: 분산된 가족과 돌봄

젊은 사람들의 다수가 직장, 교육, 결혼 때문에 부모와 떨어져 산다. 부모도 살기 편한 곳, 경제적으로 살 수 있는 곳, 의료시설이 잘되어 있는 곳으로 옮겨가는 사례가 늘고 있다.

한국인은 지난 반세기 동안 전 세계에서 가장 커다란 인구이동을 경험하였다. 인구의 반이 훨씬 넘는 사람들이 농촌으로부터 도시로 이동한 것이다. 그래서 오늘날 대다수 농촌에는 주로 고령자들이 남아 있다[노인만이 사는 노인 단독가구는 노인인구의 50%가 된다(보건복지부, 2011)].

지리적 이동은 핵가족화를 촉진하고 노부모와 떨어져 사는 자녀 수를 증가시킨 주요인이 되었다. 결과적으로 혼자 사는 고령자와 배우자와 사는 고령자의 수가 급증한 것이다(보건복지부, 2011; 권중돈, 2010: 25~39; 김익기 외, 1999: 103~109). 노인인구의 50%가 자녀와 함께 살고 있지 않는 노인 단독가구이다(보건복지부, 2011). 이러한 변동은 우리 가족들이 분산되었음을 알려 준다.

다행히 국토가 좁은 탓으로 대다수 노부모들은 성인 자녀들과 비교적 가까운 거리에서 살고 있다. 장기적 돌봄이 필요한 노부모들의 반 이상이 성인 자녀와 대략 1~2시간 이내 거리에 살고 있다.

떨어져 살면 가족원들 사이에 접촉, 대화 및 손끝으로 하는 도움을 제공할 기회가 줄어들 수 있다. 사실 성인 자녀와 멀리 떨어져 사는 노부모는 경제적, 보건 의료적, 사회적, 심리적 문제를 이들과 동거하는 경우보다도 더 많이 호소하는 경향이다.

그러나 한국의 대다수 성인 자녀는 떨어져 살면서도 노부모와 전화통화를 하고 또 방문을 해서 만나 커뮤니케이션을 하며 부모에 대한 책임을 수행하고 있다. 물론 별거생활로 인하여 지원을 충분히 못하는 경우가 생기지만, 대다수 노부모들은 다소간의 재정적 지원을 포함한 각종 돌봄을 자녀들로부터 받고 있다. 인상 깊게도 며느리들의 대다수는 시부모와 떨어져 살면서도 이분들을 정서적 및 물질적으로 돌보고 있다.

떨어져 사는 부모와 자녀의 주거형태를 다음과 같이 나누어 볼 수 있다.

부모가
- 자녀 바로 옆집에 사는 경우
- 자녀와 같은 마을에 사는 경우
- 국내에서 자녀와 떨어져 사는 경우
- 외국에 사는 자녀와 떨어져 있는 경우
- 만성질환으로 시설에 수용된 경우

저자는 위의 각각의 주거형태를 가지면서 성인 자녀가 노부모를 지원하는 상황을 조사해보았다.

거리상으로 떨어져 살고는 있지만 대다수 성인 자녀들은 방문, 전화, 편지로 대화를 하고, 재정지원과 선물을 하면서 정서적(내면적)이고 물질적(외면적) 지원을 부모에게 제공하고 있음을 확인했다. 장남과 그의 동생들이 합심 협력하여 떨어져 사는 노부모를 돌본다. 형편이 여의치 않아 다른 사람에게 위탁해서 노부모를 돌보는 자녀도 있다. 발전된 교통통신수단과 사회복지 및 의료서비스는 이들의 돌봄 활동을 돕는다.

:: 동거하는 자녀와 부모 돌봄

자녀와 동거하는 65세 이상 고령자가 43.5%가 된다(보건복지부, 2011). 한국이 선진국들 가운데서 일본과 거의 비슷하게 다세대 동거자 수가 가장 많은 사례가 된다고 본다. 한 집안에서 가족이 동거한다 함은 조부모, 부모, 성인 자녀가 함께 살면서 서로 돌보는 가족생활을 함을 말한다. 이런 주거형태는 오랜 세대에 걸쳐 전해온 관습이다.

한국의 가족원들은 밀접한 인간관계를 유지하면서 정서적 및 물질적으로 상호 부조하는 체계를 이루고 있다. 특히 장기질환이나 장애를 가진 부모를 돌보아야 하는 성인 자녀는 좋건 싫건 이런 주거형태를 수용하는 경향이며 또 이런 형태를 유지하도록 사회적(친족, 이웃의) 기대와 압력이 아직도 작용하고 있는 것이 사실이다.

고령자들의 40% 이상이 고도로 도시화된 서울에서 자녀와 동거하고 있다. 장기적 돌봄이 필요한 노부모의 경우도 약 반이 그들의 배우자와 살고 있다(Choi, 1999; 보건복지부, 2011). 전국적으로 노인가구의 약 반이 혼자 사는 고령자이다. 나머지는 성인, 미성년인 자녀 또는 배우자와 함께 살고 있다.

부모와 자녀가 동거하는 것은 주택 부족이나 경제문제 때문이라고 하기보다는 부모와 자녀가 애정과 책임감으로 서로 돌보는 한국인의 끈질긴 문화적 관습 때문인 것으로 보는 사람이 많다.

:: 사회적 변동과 돌봄

노부모를 위해 분산된 가족이 하는 돌봄이나 동거하는 가족이
하는 돌봄은 다 같이 한국적인 가족 중심적인 문화적 맥락에서
진행되고 있다. 효는 가족을 중심으로 부모를 돌보는 가치이며
실천행동이다. 즉, 부모 돌봄을 위해 가족원들이 결속하여 책임
을 나누어 수행하는 관행이다. 서로 의존하며 돌보는 가족지원망
속에서 부모를 지원하는 것이다.

저자의 조사에 의하면 수입이 적은 성인 자녀의 경우 부모 돌
봄을 위해 희생하는 경우가 수입이 많은 사람들보다 더 많다(성
규탁, 2005). 부모를 돌보는 의지는 경제적 형편이 좋고 나쁜 데
달려 있지 않은 것으로 보인다.

효행의 내용을 보면 부모 존경이 가장 강조되고 있다. 앞서 논
급한 바와 같이 존경은 부모를 돌보고 지원하는 뜻을 내포하고
있다. 노년학의 대가 Streib 교수(1987)는 사회문화적 맥락에서 중
국인과 미국인 사이에 고령자를 대하는 관습에 차이점이 있음을
지적하였다. 그 차이점들 중의 하나가 어른에 대한 존경이다. 그
는 중국인은 어른에 대한 존경을 자동적으로(automatically) 표현
하며 서양인보다도 어른을 더 잘 대우한다고 했다. 일본에서 오
랫동안 노인문제를 연구한 Palmore와 Maeda(1985) 교수들은 일본
에서는 어른 존경의 가치가 사회구조 속 깊이 스며들어 뿌리를
내려 있다고 했다. 특히 부모와 자녀 관계 그리고 조상에 대한

예절에서 그러하다는 것이다. 이러한 연구보고들은 한국에도 거의 그대로 적용된다고 본다. 뿐만 아니라 한국에서는 일본과 중국의 경우와 마찬가지로 어릴 때부터 부모, 선생, 어른에게 정중히 예의 바르게 행동하도록 사회화되고 있다.

근년에 이르러 어른 돌봄과 관련된 전통적 가치를 높이기 위해 한국, 일본, 중국 및 싱가포르를 비롯한 중국인 사회에서 정부와 민간이 합동하여 여러 가지 경로사업을 시행하고 있다. 고령자 존경을 위한 사회운동, 고령자를 위한 각종 사회서비스와 보건의료서비스의 제공, 노인의 날과 노인존경 주간의 실시, 노인복지법, 효행장려법 및 부모부양책임법의 제정, 효행상 시상 등은 그 예이다.

모범적으로 효도를 한 사람들에 대해서는 텔레비전, 신문, 잡지 등 매스컴과 교육기관을 통해서 뉴스, 기록보도, 드라마, 문학작품, 발표회의 형태로 보도되고 있다. 이러한 사회문화적 활동은 전통적 어른 돌봄을 재강조하려는 사회적 노력과 의욕을 반영하는 것이다.

그러나 사회변동과 함께 효를 표현하는 방식도 수정되고 있다. 젊은 세대는 서로 도움을 주고받는 평등주의적 입장에서 고령자를 돌보려는 경향이다. 이러한 동향은 곧 세대 사이의 관계가 권위주의적이고 가부장적인 형태로부터 호혜적으로 서로 존중하는 방향으로 변하고 있음을 시사한다. 사실 전통적인 가르침에는 제1장에서 논의한 바와 같이 효는 어른과 젊은 세대가 서로 호혜적으로 돌보고 섬기는 것으로 되어 있다. 즉, 부모는 자녀를 인자하게 애정으로 양육하며 자녀는 부모를 섬기며 돌보는 것이다.

급격한 사회적 변동에도 불구하고 효는 여전히 동아시아의 중심적 가치로 남아 있다. 저자의 조사에 의하면 한국의 젊은이들의 대다수는 노부모를 돌보아야 한다고 믿고 있으며, 일본과 중국의 대다수 젊은이들도 역시 자녀는 고령의 부모를 돌볼 책임이 있다고 보고 있다(성규탁, 2011: 어른을 존중하는 중국, 일본, 한국 사람들).

이러한 문화적 특성은 동아시아 3국(한국, 중국, 일본)이 가지는 공통점이라고 할 수 있다(성규탁, 2011; Chow, 1995; Elliott & Campbell, 1993).

:: 사회복지서비스의 개발

우리의 문화적 전통은 이어지고 있으나 돌봄 기능이 약해진 가족이 늘고 있다. 이런 가족이 돌봄 능력을 보완할 필요성이 증대하고 있는 것이다. 특히 부모와 떨어져 사는 가족이 노부모를 돌보는 방안을 강구할 필요성이 커지고 있다.

정부와 민간의 NGO(민간단체, 주로 비영리단체)들은 그동안 사회복지서비스의 개발을 위해 다각도로 노력해오고 있다. 노인복지정책이 발전적으로 실행되고 가족의 자체지원능력 증대를 위한 지원, 빈곤한 고령자와 가족에 대한 공공서비스 제공 및 현금급여 등; 노인부양책임법, 효행장려법, 장기요양법 등 법이 제정되고; 사회보장 방법(연금, 국민의료 보험, 노령수당, 세금 면제 등)을 실행하고; 고령자를 부양하는 가족에게 주택구입을 위한 우선권과 융자를 제공하고; 민간단체를 지원하여 노인복지관, 노인요양원, 노인병원, 치매노인요양원을 증설하였고; 직장알선, 거택보호, 시설보호, 평생교육 등을 제공하고; 여가 프로그램과 고령자 휴양지를 개발하고 있다. 아울러 노인 일자리 마련과 자원봉사활동 등 지원사업을 추진하고 있다. 해마다 이들 사업을 위한 예산을 증액해 오고 있다. 한편 노인의 권익을 보장하는 대한노인회 등 비영리단체들은 고령자에게 혜택을 주는 정책과 법을 통과시키기 위해 국회를 중심으로 로비활동을 전개하고 있다.

그러나 정부의 힘만으로는 핵가족과 분산된 가족들에게 충분한 지원을 제공하기가 어렵다. 정부의 노력과 함께 가족과 이웃공동체가 고령자를 돌보는 복지체계로 기능할 필요성이 커지고 있다.

성인 자녀들과 동거하는 노부모까지도 여러 가지 서비스가 필요한 실정이다. 예로 주간보호, 거택보호, 사회서비스, 부양자를 위한 상담 및 교육, 일자리 알선, 여가활동 등이다. 특히 분산된 가족이 장기간 부모 부양을 할 수 있도록 이런 서비스들을 제공해주어야만 한다. 발전도상에 있는 우리의 사회복지제도를 보완하는 데 가족과 이웃이 커다란 역할을 한다는 사실을 우리는 인식할 필요가 있다. 사실 오늘날 서양의 복지국가들은 사회보장제도만으로는 도저히 국민의 복지욕구를 충족하기 어려워 "가족 하나하나가 자체의 성원들을 최대한으로 도와 나감으로 재정적으로 극히 어려워진 국가를 살려야 한다"고 호소하고 있다. 선진 복지국가들의 이런 심각한 사정을 보아 우리가 다루는 사회복지 서비스는 어디까지나 가족의 약점을 보완해주는 데 그 목표를 두고, 결코 가족의 기능을 대신하는 것을 목표로 잡아서는 안 되겠다.

:: 논의

앞으로 한국은 두 가지로 고령자 돌봄을 해나가는 방향을 잡아야 할 것이다. 하나는 효의 문화적 가치를 바탕으로 가족의 자체 돌봄을 계속하는 것이고 다른 하나는 현대적 사회복지 이념에 따라 고령자와 가족에게 정부 주도로 사회복지 혜택을 제공해나가는 것이다. 즉, 가족 자체의 노력과 국가의 가족지원 노력이 통합되어 포괄적인 돌봄 체제를 이룩하는 것이다.

제8장 별거하는 자녀와 돌봄

:: 떨어져 사는 자녀와 부모 돌봄

부모 돌봄을 어렵게 만드는 주요인의 하나는 자녀와 부모가 서로 떨어져 사는 주거형태이다.

한국인의 가족생활에서 근년에 일어난 가장 커다란 변화가 바로 세대 간의 별거인데 이런 사례가 계속 늘어나 가족원들이 서로 돌보는 데 심각한 변화를 가져다주고 있다. 지리적 거리 자체가 문제의 주요인이 되고 있는 것이다.

별거하면 자연적으로 서로 간의 접촉 횟수와 대화하는 기회가 줄어들고, 친근감과 애정을 나누는 시간이 짧아지며, 내면적 및 외면적으로 돌보는 기회가 줄게 된다. 그리고 지속적이고 안정된 가족관계를 이루기가 힘든 경우가 많아진다. 특히 고령의 부모와 의존적인 가족원을 돌보는 데 어려움이 많아진다.

반대로 가까이 사는 자녀는 떨어져 사는 자녀에 비해 노부모와 다른 가족원들을 더 자주 만나면서 이분들이 필요로 하는 내면적 돌봄과 특히 외면적인 의료적 및 손끝으로 하는 돌봄을 빨리 제공할 수 있다.

멀리 떨어져 사는 자녀가 시골에 남아 있는 노부모의 단 하나의 또는 주된 부양자인 경우가 많다.

그런데 부모와 자녀가 떨어져 산다고 해서 서로의 관계가 반드시 소원해지는 것은 아니다. 부모와 자녀가 서로 노력하면 지리적 거리에 상관없이 바람직한 가족관계를 유지할 수 있다.

외국에서 이루어진 연구를 보면 부모 자녀 간의 친밀성, 애정, 의무감은 거리의 길고 짧음에 상관없이 지속될 수 있다(Climo, 1992; Heath, 1993). 부모 자녀 관계는 지리적 조건 때문에 쉽게 변하지가 않는 것이다. 거리는 접촉의 빈도를 줄이기는 하지만 사랑, 온정, 책임, 보은으로 이어지는 부모 자녀 간의 호혜적 돌봄 관계를 무너뜨리지는 못하는 것으로 보인다.

이 사실은 어릴 때부터 부모와 정이 들면 그것이 평생 변하지 않는다는 사실, 부모 자녀 관계는 하늘이 정한 천륜(天倫)의 관계라 인간이 끊을 수 없는 특수한 관계임을 알려주고 있다.

부모를 돌보는 것이 전통적 관행이요, 미덕으로 되어 있는 우리 문화에서는 별거생활로 인해 생기는 어려움을 슬기롭게 풀어

나갈 수 있어야 하겠다.

중요한 문제는 노부모 가운데 한 분이 혼자 살고 있느냐, 노부부가 함께 살고 있느냐이다. 다음으로 성인 자녀의 출생 순위 — 장남 또는 차남 — 에 따른 부양책임을 나누는 문제가 대두된다. 또 가까운 데 도움을 받을 수 있는 친척이나 친한 친구가 있는가도 고려해야 한다.

매우 어려울 때가 부모의 건강이 악화되거나 부모가 배우자를 잃을 때이다. 이때 별거하는 자녀는 여러 가지 상황적 변화에 대응해야 한다.

별거하는 자녀는 흔히 죄의식, 역할 갈등(부모에 대한 의무와 자신의 처자에 대한 의무 간의), 좌절, 분노, 이러지도 저러지도 못하는 난처한 처지에 빠지게 된다. 사람에 따라서는 별거생활의 어려움을 더 절실히 느끼고 더 많은 고통을 당한다.

떨어져 살든 함께 살든 노부모를 책임지는 당사자는 결국 자녀, 배우자, 친척이다.

이러한 어려운 사정이 있기는 하나 떨어져 사는 자녀도 부모를 돌볼 수 있는 것이다.

:: 거리를 극복하기 위한 노력

별거하는 부모와 자녀가 상호관계를 유지하기 위해서는 가족원들과 서로 접촉을 해야 한다. 접촉해서 대화를 하여 서로 사랑을 나누고 가족의 화합을 이루면서 서로 돌봄 관계를 유지해야 한다.

먼 곳에서 따로 사는 자녀는 부모를 직접 맞대면하면서 대화할 수 없기 때문에 전화나 편지를 하거나 방문을 해서 접촉할 수밖에 없다.

물론 얼마나 자주 어느 정도 길게, 어떠한 내용으로 전화, 편지 또는 방문을 하느냐에 따라 이러한 노력의 질이 달라질 수 있다.

그리고 돈, 생활필수품, 선물을 보내는 방법이 있다.

전화가 제일 많이 사용된다. 명절, 공휴일, 휴가, 가족의 생일, 결혼식, 졸업식, 친족의 장례식과 제사 때 가족을 방문하여 부모를 만난다. 편지는 전화요금이 너무 많이 들거나 전화로 하기 어려운 이야기가 있을 때 한다.

1) 정기적인 전화통화

전화로 정다운 대화를 나누고 부모의 생활사정을 살필 수 있다. 그런데 전화가 가지는 문제점이 있다. 상대를 볼 수 없어 서로 친밀하게 정을 나누는 데 한계가 있고 대화가 어떤 주제에 집중되기 쉽고 흔히 짧게 이야기하고 말기 때문에 상대의 생활 전반에 걸쳐 알기가 어렵다. 게다가 노부모는 경제적 이유로 전화로 오랫동안 이야기하기를 꺼려한다.

이런 제한점이 있으나 자녀는 떨어져 사는 부모와 정기적으로 전화통화를 하여 부모의 안녕을 살필 수 있다. 어떤 문제를 조속히 해결해야 하거나 중요한 의사결정을 하는 데도 전화를 이용한다. 전화로 문제를 해결 못하면 부모를 직접 방문하여 대면해서 해결을 모색한다.

전화로 여러 가지 주제에 관해 이야기를 나눌 수 있다.

예로 가족에 관한 것, 개인적인 일, 건강문제, 직장에 관한 것, 부모를 방문할 계획, 재정에 관한 것, 물건구입, 여행 등이다. 부모와 여러 가지 주제에 걸쳐 대화함으로써 자녀는 별거생활에서 오는 걱정을 상당한 정도로 해소할 수 있고 서로의 생활을 더 잘 이해하고 더 많은 정보를 교환하고 더 친밀한 관계를 유지하면서 안정감을 가질 수 있다.

그러면 얼마나 자주 전화를 해야 하는가?

전화를 자주 한다 해서 반드시 부모와의 친밀성이나 애정이 더 두터워지는 것은 아니다. 저자 주변의 노부모와 떨어져 사는 성인 자녀들 가운데 약 반은 일주일에 한 번 정도 부모와 통화하고 있다. 그리고 전화를 시작하는 측은 반반, 즉 부모가 시작하는 경우가 반이고 자녀가 시작하는 경우가 반 정도이다. 2주일에 한 번이나 한 달에 한두 번 하는 경우가 3분의 1 정도인 것 같다.

거리가 멀면 전화 횟수가 줄고 부모의 건강이 나빠지면 전화를 자주하게 된다. 전화요금이 많이 나오면 전화 횟수가 줄어든다. 전화통화의 길이는 서로 간의 습관이나 하루 어느 시간에 하는가, 가족 가운데 누가 병이나 위기에 처했는가에 따라 다르다.

보통은 5분에서 15분 정도 통화한다.

부모 자녀가 전화로 대화할 때 가끔 상대방에 대한 오해가 생기거나 대화의 내용이 옳게 전달되지 않아 실망하고 분노하여 스트레스를 느끼는 수가 있다. 원래 대화에는 애매한 표현이 섞일 수 있으며 듣는 이에 따라 해석이 다를 수 있다. 부모 자녀 사이에 해결되지 않은 문제가 있을 경우에는 대화에 문제가 따른다. 문제해결을 하는 데는 감정이 작용하며 서로 사이에 갈등이 발생할 수도 있다. 부모와 자녀는 서로 비현실적으로 무리한 기대를 하는 수가 흔히 있다. 지나친 기대를 하면 그 기대가 이루어지기 어렵다. 부모나 자녀가 어떤 지원이나 정서적 지지를 호소할 때 이를 충족해주지 못하면 실망한다. 흔히 부모를 방문할 계획에 대해서 양편에 기대차가 생긴다. 부모는 자녀가 곧 방문해줄 것으로 기대하고 자녀는 곧 방문을 할 계획을 세우기가 어려울 경우가 있다. 대화에서 서로의 기대에 사로잡혀 오해나 실망을 하는 때가 있다.

자녀와 부모 양편의 의존과 독립 관계를 조심스럽게 저울질해서 양편의 사정에 맞도록 서로 노력해나가야 할 것이다.

그리고 통화 중에 한편이 대화를 독점하거나 상대방의 말을 가볍게 듣는 수가 있다. 대화가 균형 있게 이루어지지 못하는 것이다. 상대편의 이야기를 주의 깊게 들어주는 것이 장거리 전화를 성공적으로 하는 방법이다. 한 편이 상대편에게 중요한 정보를 감추고 이야기하지 않는 경우도 있다. 가까이 사는 누이나 형에게는 알려주고 멀리 사는 부모에게는 알리지 않는 수가 있다.
이런 일을 부모가 알게 되면 매우 섭섭히 여긴다. 정보를 감추는
이유는 대개 부모가 걱정을 할까 봐서이다.

자녀는 부모에게 말하고 싶은 모든 것을 전화로는 할 수 없다.

멀리 떨어져 사는 자녀와 부모는 서로 떨어져 있기 때문에 섭
섭하고 불행하다고 느끼지만 이처럼 전화로 접촉하여 애정을 나
누고 정보를 교환하고 가족관계를 공고히 하며 방문할 계획을
알리고 장래 서로 같이 살 희망을 가질 수 있다.

다행히 우리나라는 국토가 좁고 교통수단이 발달하여 부모 자
녀 간의 거리는 대개 하루 사이에 방문했다가 돌아올 수 있는 거
리이다.

2) 정기적 방문을 통한 접촉

부모를 명절 때나 휴가 때 방문할 수 있고 또 예정이 없이 방
문할 수도 있다. 대개의 경우 방문은 일정한 거리를 여행하여 도
착한 후 하루나 이틀 또는 며칠간 머물러 부모와 숙식을 함께하
게 된다.

얼마나 자주 부모를 방문하느냐는 문제는 자녀의 책임감, 부모
의 건강, 가족 및 직장의 사정 등에 달려 있다. 명절마다 부모를
방문하는 사람들이 반수 이상이 되는 것으로 보인다. 나머지 반
은 일 년에 한 번 또는 두 번 찾는 정도이다. 부모는 대개 자녀가

자라난 시골에 살고 있기 때문에 고향을 찾는 귀성(歸省)이 곧 부모를 방문하는 것이 된다.

먼 거리에 사는 가족을 방문하는 데는 여러 가지 요인들이 작용한다. 자녀의 건강문제는 방문에 지장을 주고 경우에 따라서는 부모를 방문하게 만드는 요인이 되기도 한다. 가족에 대한 책임도 부모를 방문하게 하거나 제한을 주는 경우가 있다. 자녀 자신의 배우자와 아이들에 대한 책임 때문에, 그리고 근무조건이나 근무처 사정 때문에 부모를 자주 방문하지 못하는 수가 있다. 결혼 후 아이가 생기면 방문이 어려워질 수 있고 또 부모에게 아이(손자녀)를 보여주기 위해서 방문을 하게도 된다.

방문기간은 상대방의 기대와 주변 사정에 따라 달라진다. 대다수의 부모는 자녀가 방문해오면 오랫동안 머물기를 원한다. 시골에서 서울에 있는 자녀 집을 방문하는 부모의 경우는 대개 3~5일간 머물었다가 돌아간다.

방문을 하기 전에 서로 계획을 하고 준비를 하는 것이 좋다. 자녀는 직장 사정을 감안해야 할 것이고 부모는 시골의 농사일, 다른 자녀를 방문하는 계획, 지역사회활동 등에 차질이 없도록 해야 할 것이다. 요사이는 방문하는 기간을 사전에 서로 조정하지 않으면 흔히 상대방에게 폐가 될 수 있다. 어떤 자녀는 직장과 부부간의 사정 또는 자녀교육 때문에 부모를 옳게 모실 수 없어 짧은 기간 동안 머물렀다가 시골에 돌아가시기를 원한다.

서로 만나면 애정과 즐거움 그리고 행복감을 표현한다. 결혼한 자녀의 경우 친가와 처가가 같은 고장에 있을 때는 양가를 모두 방문해야 할 의무를 가져 스트레스를 느낄 수 있다. 만나면 서로 적응하는 시간을 가져야 하기 때문이다. 함께 산보와 오락을 하거나 쇼핑, 구경을 가거나 바둑을 둘 수 있다. 부모 자녀 사이에도 떨어져 사는 동안에 생활 스타일과 활동 수준이 달라질 수 있기 때문에 서로 적응하는 데 힘이 드는 경우가 있다. 노부모는 흔히 손자녀가 여행으로 정기적인 생활리듬을 잃어 지나친 요구를 하거나 귀찮게 하면 이를 견디어내기 위해 애를 쓴다. 자녀는 부모가 자기 자녀인 손자녀와 애정을 나누는 장면을 보고 만족한다.

머무는 동안 부모 자녀 간에 정서적인 결합이 이루어지고 애정이 두터워지며 서로 돌보는 관계가 강화되어 상호 의존적인 가족관계가 공고하게 된다.

방문이 끝나고 작별할 때는 불안하고 걱정스럽다. 부모의 건강이 나쁠 경우에는 부모의 앞날을 걱정하며 침울한 분위기 속에서 떠나게 된다. 이들은 작별의 슬픔을 다음 방문을 계획함으로써 잊어버리려 한다. 그리고 부모는 그들의 방문을 만족히 여기고 앞으로 더 자주 와서 오래 있다가 가기를 바란다. 아이들은 직장에서나 사회에서 할 일이 많아 자기 집으로 돌아가야 한다고 이해는 하면서도 무사히 지나다가 좀 빨리 돌아와 좀 더 많은 시간을 함께 보내기를 노부모는 마음속에서 바란다.

부모와 자녀의 생(生)의 주기(週期)에 따른 변화와 서로 간의 의존과 독립의 정도에 따라 방문 횟수나 기간이 달라질 수 있다.

:: 부모의 건강과 자녀의 대응

부모와 멀리 떨어져 사는 자녀는 부모의 건강문제를 어떻게 다룰 수 있는가? 부모의 건강은 별거하는 자녀가 가장 고민하는 문제이다. 효성스러운 자녀는 부모를 방문하고 전화를 하고 정서적 및 물질적 지원을 해서 위기를 극복하려고 애를 쓴다. 노부모는 기동이 어려워지기 전에는 대개 독립적으로 생활하며 자녀의 신세를 지지 않으려 한다. 즉, 의존과 독립을 저울질하며 자녀에게 부담이 되지 않도록 조심스럽게 살아가는 경향이다.

하지만 노년기의 부모는 예고 없이 심신의 질환을 가질 수가 있다. 부모가 급성질환에 걸리거나 위독할 경우에는 자녀는 긴급히 방문해서 일정 기간 부모와 함께 머물면서 대처할 수 있다. 부모가 정신질환을 가지거나 만성질환으로 장기간 고생하는 경우에는 자주 방문할 필요가 있다. 이럴 경우 자녀는 부모를 떼어 놓고 멀리 사는 데 대해 죄의식과 스트레스, 그리고 무력감과 좌절감을 가진다. 뿐만 아니라 재정 부담이 늘고 직장생활에 지장이 생길 수 있으며 부모의 오해와 서운함을 사게 되는 경우도 있다.

자녀와 부모의 관계는 서로에 대한 친밀성, 염려와 걱정, 의무감, 도와주려는 소원으로 가득 차 있다. 부모도 별거하는 자녀를 지원하는 경우가 많다. 교육비, 주택구입비, 재산상속, 위로와 격려, 자문과 충고, 식료품 등을 자녀와 손자녀에게 제공한다.

이처럼 물리적 거리로 인한 불편에도 불구하고 상호 의존적이며 호혜적인 돌봄 관계는 지속되는 것이다.

:: 제공해야 할 돌봄

떨어져 사는 자녀는 부모에게 외면적(물질적) 및 내면적(정서적) 지원을 고르게 하려고 애를 쓴다. 용돈, 생활비, 선물, 기차나 비행기 표, 여비, 의료비, 주택유지비 등을 제공한다.

뿐만 아니라 가족 바깥의 사회복지사, 목사, 신부, 의사, 가까운 친구 및 친척과 교섭해서 이들로 하여금 필요할 때 부모를 돌보아주고, 특히 부모가 위급할 때 의료시설로 이송토록 부탁할 수 있다. 이들은 또한 부모의 어려움을 이해하고 부모를 위안하고 힘을 돋우어 줄 수 있다. 형제, 친척 및 가까운 지인과 긴밀한 연락을 하면서 부모의 용태를 파악하고 부모를 간병해줄 사람에 대한 정보도 얻을 수 있다. 이렇게 자녀가 간병을 하고 친지의 관심과 위안을 받는 부모는 자신감을 갖게 된다.

부모의 건강문제와 생의 주기에 따른 일들(생일, 은퇴, 발병, 입원, 사망)이 생길 때 자녀가 돌본다는 것은 자연적이고 당연한 의무이다. 이런 의무를 잘 수행하면 그것을 세상 사람들은 효행이라고 하는 것이다.

부모가 질병으로 고생하는 경우에 미리부터 대비해서 돌볼 태세를 갖추어야 한다. 부모의 건강상태는 초기에서부터 말기에 이르는 단계가 있는데 이런 단계에 따라 대응해야 할 문제가 다르기 때문에 자녀는 사전에 이에 대한 대응책을 강구해야 한다. 그럼으로써 뒤에 오는 충격을 줄일 수 있다.

병환이 진전되면 서거 전에 흔히 불구가 되는 수가 있다. 신체적으로 장애가 있는 부모를 돕는 것은 쉬운 일이 아니다. 때로는 자녀와 가족원들이 기진맥진하여 지쳐버린다. 심하면 부양을 하는 가족원 자신이 도움이 필요하게 된다.

부모가 불구가 되어 전문적인 간호와 지속적인 치료가 필요하게 되면 보호부양 능력이 있는 자녀의 집으로 옮기거나 전문요원을 갖춘 요양원에 입원하도록 조처할 수 있다. 특히 부모가 배우자 없이 혼자 살고 있을 경우에는 이러한 대안을 선택하게 된다.

:: 돌봄의 종국적 단계

부모가 생의 종말에 이르면 먼 곳에서 별거하는 자녀는 정신적 및 물질적 어려움을 겪으면서 이웃과 사회의 지원을 갈망하게 된다.

떨어져 사는 자녀는 부모를 위한 사회적 지원망을 개발해두어야 한다.

지역의 사회복지사가 이 지원망의 일원으로 들어 있으면 그 지역에 있는 각종 자원을 연결해주는 역할을 해줄 수 있다. 가족원 그리고 지원망 성원이 자주 만나서 정보를 나누고 책임을 분담하면서 간병과 치료 그리고 사망에 대비하는 작업을 진행해야 한다. 오늘날 의학은 사망까지의 시간을 연장하여 종말까지 일 년 또는 그 이상의 시간이 걸리는 경우가 많다. 이 기간 자녀는 여러 번 부모를 방문해서 돌보고 위와 같은 노력을 계속하게 되는 것이다.

효성스러운 자녀는 멀리 살면서 부모를 책임성 있게 돕는 과정에서 부부간의 불화, 재정문제, 직장문제 등 어려움에 부딪칠 수 있다. 이러한 문제가 심할 때는 자녀도 상담, 치료 등 전문적 서비스를 받아야 할 경우가 있다.

노인시설에 들어가는 것은 그 전에 가능한 모든 방법을 거친 뒤 더 이상 다른 대안이 없을 때 취하는 방법이다. 우리 사회에서는 노인시설에 들어가는 데 대해 아직도 저항이 있다. 자녀는 부모를 시설에 입원시키는 데 대해서 죄의식을 느끼면서 이 때문에 사회적으로 체면이 손상된다고 생각한다. 그러나 지속적인 간호와 치료가 필요한 부모를 전문시설에 위탁하여 회복과 치유를 도모할 수 있고 이렇게 함으로써 자녀는 안도감을 가질 수 있다. 대개의 경우는 부모의 배우자나 효성스러운 자녀가 부모를 집으로 모셔 동거하면서 헌신적인 부양을 한다.

효의 표현은 내면적인 태도와 감정만이 아니라 외면적인 행동으로도 해야 한다. 효성스러운 자녀는 그렇지 못한 자녀에 비하여 어려움이 닥친 부모를 돌보는 데 있어 더 결단력 있게 행동으로 대처한다.

부모가 임종에 가까워지면 간호인과 미리 연락을 해서 임종에 임하는 준비를 해야 한다. 가장 커다란 효행이 부모가 돌아가실 때 임종하는 것이다. 우리 문화에서는 부모 임종 때 참여하지 못하는 자녀는 평생 죄의식을 느끼고 한으로 삼는다.

사망한 부모의 장례식은 자녀 평생의 가장 감동적이고 엄숙한 행사이다.

이처럼 효성스러운 자녀는 멀리 떨어져 살면서도 부모의 생전과 사후에 걸쳐 내면적 및 외면적 돌봄을 해나간다.

:: 맺는말

부모 자녀의 별거는 산업화에 겹쳐 서양문화가 가져다준 생활 풍습이라고 할 수 있다. 서양에서는 자녀가 부모와 독립해서 혼자 힘으로 생활하는 것을 미덕으로 삼는다. 그래서 멀리 떨어져 사는 자녀는 부모의 간섭을 받지 않으면서 독자적으로 가구를 이루어 생활하는 데 만족한다.

한국의 성인 자녀는 떨어져 살면서도 상호 의존적 가족관계를 이루어 호혜적 서로 돌봄의 가치를 지키면서 별거로 인한 어려움에 의무적으로 대처하려 노력하고 있다. 나 자신보다도 가족의 안녕을 걱정하는 가족적 자아를 간직하면서 친족의 핵가족들로 이루어진 가족망을 통해서 노부모와 의존적인 가족원을 돌보아 나간다.

별거하는 자녀는 전화와 무선통신을 통한 대화의 기술을 익히고, 효율적인 방문방법을 연구하고, 이웃과 지역사회의 자원을 최대한으로 활용하는 방안을 강구해야 한다.

아울러 부모가 세상을 떠나기 전에 해놓아야 할 작업 — 부모님이 평생 이룩한 업적, 재산, 유언 등에 관한 기록 정리 — 을 미리 해두어야 한다. 제11장에서 이런 준비작업에 대해서 논의하고자 한다.

제9장 별거와 서로 돌봄-사례

부모와 자녀가 떨어져 사는 형태는 다양해졌다. 떨어져 사는 가족원들이 서로 돌봄 관계를 유지하는 데는 주거형태에 따라 차이점이 있지만 공통점도 있다.

이 장에서 소개하는 6편의 사례들은 모두가 부모와 자녀가 떨어져 사는 경우로 2편은 거리가 비교적 가까운 '근거리형'이고, 2편은 거리가 상당히 먼 '원거리형'이며, 나머지 2편은 부모와 이웃의 고령자가 시설에 입주한 경우이다.

이처럼 자녀가 바로 이웃에 사는 경우, 멀리 떨어져 사는 경우, 예로 사우디아라비아 같은 아주 먼 곳에 가서 사는 경우, 그리고 자녀와 떨어져 시설에 입주한 사례가 있다. 떨어져 사는 부모와 자녀는 거리로 인해서 생기는 어려움에 대처하면서 상호 의존적으로 서로 돌보는 관계를 유지해간다.

공자는 자녀가 먼 곳에 다녀와야 할 때는 그곳에 도착하는 즉시 부모와 연락을 취하라고 했다(논어, 이인 19). 이 가르침에는 적어도 두 가지 뜻이 담겨 있다고 본다. 하나는 부모가 자녀의 안전에 대해 걱정하지 않도록 소식을 전하는 것이고 다른 하나는 부모가 위급할 때 즉시 집으로 돌아오도록 연락할 수 있게 하라는 것이다.

하지만 오늘날에는 공자가 생존하던 2500여 년 전에 상상도 못했을 전화, e-mail, 팩스, 자동차, 철도, 비행기 같은 교통·통신 수단이 있고 더욱이 한국인은 부모에 대한 책임감, 보은의 정, 친밀감이 강하며, 상호 의존하면서 호혜적으로 돌보는 관행이 있는데다가 각종 사회복지서비스가 제공되고 있기 때문에 거리로 생기는 상호 돌봄과 관련된 문제들을 상당한 정도로 해소해나가고 있다.

부모의 건강상태와 생활사정이 어려워졌을 때 자녀가 직장사정, 재정형편, 나 자신의 건강문제 등 부득이한 사정으로 모실 수 없을 경우에는 보호인을 물색해서 돌보도록 위탁해야 한다. 전화 등 통신수단을 이용해서 부모를 보살피는 의사, 간호사, 가정방문봉사자 또는 보호자로부터 부모에 대한 정확한 정보를 확보하고, 부모와 가까이 사는 친척 또는 이웃과 연락하여 이들의 지원을 받고, 그곳의 사회복지서비스와 자원봉사 등 지역사회에서 구할 수 있는 지원을 최대한으로 활용해야 한다. 특히 이들 기관의 사회복지사와 미리 접촉해서 부모 돌봄에 대해 의논해두는 것이 좋다. 그리고 제11장에서 논의할 부모의 법률적 및 재정적 사항에 대한 처리도 미리 해두어야 한다. 부모가 도저히 더 이상 홀로 생활할 수 없을 때는 가족원들(형제, 자매 등 친척)과 의논해서 조속한 시일 내에 최선의 방법을 강구해야 할 것이다. 이러한 노력이 진행되는 동안 직장에도 사정을 알리어 부모를 정기적으로 방문할 수 있도록 행정적 조치를 취하도록 한다.

이처럼 가족원들과 협동해서 대처하고, 가족이 제공할 수 없는 서비스는 가족 바깥의 것을 유료 또는 무료로 받도록 한다.

부모가 위태로운 상태에 접어들 때는 신속하게 전문적 치료와 서비스를 받도록 해야 한다.

가족의 힘과 사회의 힘을 합쳐 부모를 돌보는 추세가 늘어나 보인다. 부모를 돌보는 방법, 즉 효행방법이 수정되고 있는 것이다.

다음은 6편의 별거하는 가족형태에 따른 부모와 자녀 간의 '서로 돌봄'의 사례들이다(시설에 입주한 사례들 중 한 편은 자녀 대신 자원봉사자들이 돌보아 주는 경우이다).

1) 근거리: 옆집

[자녀들이 옆집에 살면서 돌보는 경우]

김한식 씨 부부(73세, 71세)는 슬하에 아들 넷과 딸 하나를 두고 있다. 평생 농사를 지으면서 자녀를 기른 이들 노부부는 지금도 건강하게 생활하고 있다. 자녀들은 모두 성인이 되어 각각 가정을 이루었고 김 씨 부부와 따로 살고 있다. 출가한 지 여러 해 되는 맏딸은 서울에 살며 셋째 아들 가족은 직장 때문에 부산에서 살고 있다. 손자녀도 열 명이나 된다. 나머지 세 아들은 모두가 김 씨 집 바로 이웃에서 살고 있다.

세 형제는 자기들의 집들과 부모님의 집 사이의 담에 통로를 마련하여 언제나 필요할 때는 부모님과 자기네 가족들이 서로 내왕할 수 있도록 해 놓았다. 즉, 세 아들의 집들이 노부모의 집을 둘러싸고 있는 형상이다.

그러나 김 씨 노부부는 독립적으로 일상생활을 해 나가며 식사, 세탁, 집안 살림, 시장 보기 등은 물론 자기들 몫의 농사까지 스스로 짓고 있다.

그 밖의 여러 가지 가족 간의 일들에는 김 씨 부부와 아들들 사이에 긴밀한 교환이 진행된다. 생일날, 제삿날, 손자녀의 학교 행사 등에는 노부모를 중심으로 대소가의 가족들이 모여 기쁨을 나누며 사고나 병고가 발생하면 김 씨 부부를 중심으로 모두가 힘을 합해서 정신적 및 물질적으로 이에 대처한다. 김 씨 형제는 번갈아 아침저녁으로 부모님에게 문안을 드리며 손자녀는 조부모님을 더 자주 찾아와 함께 시간을 보낸다.

특히 노부모의 건강과 생활상의 어려움에 대해서는 삼형제가 각별한 관심을 가지고 돌보아 나간다. 농사철이 되면 세 형제는 부모님을 위해 씨앗, 경작, 비료 등을 도맡아 보아 드리며 추수 때는 함께 곡식을 거두어 드린다. 서울의 딸과 부산의 아들도 세 형제가 부모님을 위해 수고하는 데 감사하면서 수시로 전화로 연락하며 부모님에게 선물과 잡비를 보내오고 조카들에게도 학용품 등 선물을 보낸다.

노부모는 죽을 때까지 자녀에게 부담을 안주려고 결심하고 있다. 이들은 자녀와 별거하면서도 깊은 애정과 관심을 가지고 자녀들의 생활을 걱정하며 손자를 보아주고, 먹을 것을 보내주고, 어려운 일이 생기면 상담, 격려해주고, 손자녀 학교행사 때에는 참석하고, 자녀와 손자녀를 초대해서 식사를 함께한다.

김 씨 부부는 멀리 떨어져 사는 자녀와도 자주 연락하여 이들이 방문해 와서 3형제와 함께 형제자매 간의 우의를 돈독히 하고 서로 돌보아 나가도록 독려하고 있다. 최근 수년 동안 일 년에 한두 번 5형제가 회동하여 김 씨 부부를 중심으로 가족모임을 갖고 있다. 서로 돌보는 가족망의 중심이 되고 있는 것이다.

김 씨 부부는 이처럼 돌봄을 주고받으면서 화합된 분위기 속에서 살고자 하는 가족적 신조를 지키고 있다. 자녀들도 동거하면서 모시는 경우에 못지않게 노부모를 끊임없는 관심과 애정을 가지고 돌봐 드리고 있다. 특히 이들의 부모에 대한 책임감과 보은의 정이 매우 돈독하다. 그리고 부모가 연로하여 더 이상 스스로 생활을 영위 못하시게 되면 이들 각자는 자기 집으로 모시어 부양하기로 굳게 마음먹고 있다. 노부모를 중심으로 이 가정 나름대로의 호혜적인 부모 자녀 간의 서로 돌봄 관계가 이루어지고 있다.

위의 이야기에 나타난 효의 내용: 책임, 보은, 가족화합, 애정, 서로 돌봄

2) 근거리: 이웃

[아들 내외가 가까운 곳에 살면서 부모님을 돌보는 경우]

회사원인 이광래 씨(41세)는 노부모님과 따로 살고 있다. 그의 부모님은 평생 직장인으로 근무하다 은퇴한 분들인데 주식투자에서 저축금의 대부분을 상실한 처지이다. 이 씨는 그의 부인과 아들 딸 남매와 다른 가구를 이루고 있다. 이 씨는 차남이고 그의 맏형이 부모님을 모시고 살기로 했었으나 맏며느리와 어머니 사이의 갈등으로 부모님은 맏형에게 분가할 것을 권유하셨고 결국 맏형은 고민 끝에 분가하게 되었다. 이때 이 씨는 부모님을 모시려고 결심했다. 그러나 부모님은 이 씨가 혹 말 못할 부담을 느낄까 봐서인지 이 씨의 집으로 오기를 꺼려하셨다. 이 씨의 아내도 어머님을 모시는 데 대해서 약간은 부담을 느끼었다. 그리하여 이 씨는 그의 형과 의논한 후 부모님에게 두 분이 사실 만한 집을 얻는 것이 어떻겠느냐고 말씀드렸더니 부모님도 그것이 좋겠다고 찬성하셨다. 샐러리맨인 이 씨가 부모님의 집을 마련하는 데에는 상당한 어려움과 희생이 뒤따랐다. 은행으로부터 대출을 받아 자금을 마련하였는데 빚을 내는 것을 못마땅해 하는 부인을 설득해야 했다. 결혼 후 10년 동안 자기 집을 마련하기 위해 고생해 나오면서 작년에 겨우 은행 불입을 마쳤던 터였다. 하지만 그것이 부모님을 가장 편하게 해 드리는 길이라는 생각으로 형제는 이 씨의 집 근방의 아담한 전셋집을 얻어 부모님을 모셨다. 그는 이러한 자신의 어려움을 부모님이 아시면 불편해하실까 해서 일체 자신의 경제적인 어려움에 대해서 내색하지 않았다.

이리하여 부모님은 이 씨 집에서 걸어서 20분 정도 되는 가까운 거리에서 생활하시게 되었다. 이 씨는 같은 집에서 함께 사시지 않는 부모님이 외롭지나 않으실까 자주 전화 연락을 한다. 적어도 일주일에 한 번은 온 가족이 부모님 집으로 가며 또 회사에서 오는 길에 들르기도 한다. 가족의 생일이나 학교 입학이 있게 되면 부모님은 물론 온 가족이 모여 즐거운 시간을 보낸다. 이 씨의 부인도 시부모님을 근거리에서 봉양하는 데 대해서 부담스러워 하지 않으며 집을 마련하던 초기에는 재정적인 부담 때문에 약간의 불만이 있었지만 점점 시부모와 가까워지면서 음식이나 의복 등 시부모가 필요로 하실 만한 것들을 가져다 드리거나 시어머니와 함께 장을 보러 가기도 한다. 한편 이 씨의 아버님은 회사에서 은퇴한 분인데 이 씨의 직장문제, 자녀교육문제, 시사문제에 대하여 자주 전화로 또는 만나서 의논하고 필요할 때는 자문, 격려, 충고를 해주시며 중학생인 이 씨의 딸에게 수학을 가르쳐 주신다. 그의 어머님은 그의 가족에게 음식을 만들어 주시고 5살짜리 아들을 맡아 돌봐 주시고 그의 가족이 바깥 볼일이 있어 외출할 때는 집을 봐주신다.

"얘야, 우리 두 내외만 살고 있어도 너희가 곁에 늘 있다고 생각하니 외롭지가 않구나." 이 씨의 부모님이 자주 하시는 말씀이다.

이 씨는 맏형과 서로 분담하여 부모님께 생활비를 드린다. 얼마 전에 이 씨는 부모님의 해외여행을 위하여 적금을 들었다. 부모님을 못 가보신 해외에 꼭 보내드리는 것이 이 씨의 작은 소원이다. 그리고 형제는 부모님이 지금은 건강하시지만 더 연로해져 간호의 손길이 필요하실 때를 대비하여 구체적인 대안들을 세워 자주 의논하고 있다. 한편 부모님은 이 씨가 자신들의 평안을 위해서 여러 모로 마음 쓰는 것을 대견하게 여기면서 아들의 이러한 효행을 이웃 사이에서 자랑거리로 삼고 계신다.

부모의 핵가족과 자녀들의 핵가족들이 상호 의존하면서 서로를 돌보아 나가는 호혜적 세대관계가 이루어지고 있다.

이야기에 나타난 효 내용: 책임, 희생, 가족화합, 보은, 애정, 서로 돌봄

3) 원거리(국내)

[국내에서 멀리 떨어져 살면서 부모를 돌보는 경우]

증권회사 상무인 한길준 씨(42세)는 고향이 충남 예산으로 그곳에 그의 부모가 농사를 사람을 써서 하며 살고 있다. 여동생은 고등학교를 마친 후 출가하여 부산에서 살고 있다. 한 씨는 결혼비용 때문에 농협에 진 빚을 11년이 지난 이제야 다 갚았다. 그동안 몇 번이고 부모님을 서울로 모시려고 설득해 보았으나 고향을 떠나지 않겠다고 거절하셔서 모실 수가 없었다. 직장생활

을 하다 보니 명절 때가 아니면 부모님을 찾아뵙기가 어렵다. 여동생도 역시 부모님을 찾아뵙지 못하고 있다. 자주 찾아뵙지는 못해도 한 씨는 늘 고향에 계신 부모님을 생각한다. 미안하고 죄스러워 무엇인가 해 드리고 싶은 마음이 간절하지만 옆에 계시지 않아 말 시중을 들어 드릴 수도 즐기시는 음식을 해 드릴 수도 없어 안타깝다.

그나마 전화로 자주 대화할 수 있다는 것이 위안이 된다. 재작년에 동생과 의논하여 동생은 효도 전화를 설치해 드리고 한 씨는 효도연금을 넣어 드리고 있다. 자녀에게 쉽게 전화를 하실 수 있도록 동생이 매월 부모님의 전화요금을 지불한다. 한 씨는 2~3일에 한 번씩 부모님에게 전화를 드려 안부를 여쭤 보지만 시골 부모님의 생활에 대한 세세한 사항까지 확인하기는 힘들다. 이분들의 사정을 알아보는 역할은 한 씨의 아내가 자청해서 하고 있다. 지난달에는 아버님이 갑자기 심장질환 증세가 있으시다 해서 아내가 두 번을 긴급히 시골에 내려가 병원으로 모셔 진단과 치료를 받으시도록 했고, 몇 달 전에는 부모님 집에 온돌이 제대로 기능되지 않는 것을 알아내고 보일러를 설치해 드렸다. 직접 모시지 못하여 늘 미안한 마음을 가진 아내는 자주 전화를 드려 부모님의 생활 실정을 알아보고 한 씨 집안에 일어나는 일들을 알려 드리는 역할을 맡고 있다. 부모님에게 위급한 사태가 발생하면 즉시 내려갈 마음의 자세가 되어 있다.

한 씨는 자신을 위해 평생을 바쳐 오신 부모님을 생각할 때마다 은혜를 갚아야 한다는 심정에 뭉클해진다. 15세와 12세가 된 한 씨의 자녀도 이런 한 씨의 마음을 아는지 할아버지와 할머니에 대해 관심을 가지고 2년 전부터 편지를 써서 보내 드리고 있다. 부모님 생신인 지난 주말에는 가족들과 함께 시골에 내려갔다. 동생은 바쁜 일이 있어 못 왔지만 한복을 한 벌씩 보내 드렸다. 도시에서 자란 아이들은 시골 조부모에게 가는 것을 좋아한다. 여름휴가에도 내려가 부모님과 함께 시간을 보낸다. 농한기를 이용하여 1년에 두 번쯤 부모님은 서울 아들집에 다녀가신다. 평소에도 자주 보내주시지만 올라오실 때마다 그동안 마련해 놓으신 여러 가지 농산물을 가져오신다. 그동안 전화로 못한 정담을 아들 내외와 손자녀하고 하신다. 무엇보다도 이들의 건강과 안전을 걱정하신다. 아들의 생활을 위해 무엇 하나라도 보태어 주지 못해 애를 쓰시는 것이 역력하다. 부모님은 벌써 몇 년 전부터 한 씨의 자녀들이 대학에 들어갈 때 쓰도록 은행에 저축을 해오고 있다. 방학 때는 손자녀를 시골로 불러 몇 주일씩 함께 보내주신다. 한편 한 씨는 부모님에게 구경을 시켜 드리고, 맛있는 것을 해 드리고, 쌓였던 이야기를 해 드리면서 모시는 것은 아내의 몫이다. 부모님이 올라오시면 한 씨는 부모님의 자그마한 일에도 관심을 보여 드리고 마음으로 생각해 드리는 것이 떨어져 사시는 부모님에게 할 수 있는 돌봄, 즉 효라고 느끼고 있다.

이야기에 나타난 효의 의미: 책임, 보은, 가족화합, 가족영속, 희생, 서로 돌봄

4) 원거리(외국)

[멀리 외국에 가 있으면서 부모를 돌보는 경우]

송태민 씨(37세)는 벌써 3년째 고국을 떠나 먼 사우디아라비아에 있는 건설현장에서 일하고 있다. 그는 가정 형편이 어려워 가족에게 도움이 되기 위하여 고생이 되는 줄 알면서 해외근무를 지원하였다. 송 씨는 고국에 아내와 두 자녀 그리고 연로하신 어머님을 남겨 두고 사우디아라비아에 가 있다. 평소에 어머님에 대한 효성이 극진한 것으로 동네에서 칭찬이 자자했던 송 씨인 터라 처음에 어머님을 멀리 떠나려고 결정하기까지는 상당한 어려움이 있었다. 특히 어머님이 연세가 많으시고 건강이 좋지 않으시기 때문에 결정을 내리기까지 많은 시간을 망설여야 했다. 처음 송 씨가 해외근무의 말을 꺼냈을 때 어머님은 걱정을 하셨고 송 씨도 자신이 해외에 나가 있는 2년 동안 어머님에게 좋지 않은 일이라도 있으면 어쩌나 하는 걱정을 여러 번 했다. 실제로 1년 전에는 어머님이 위독하다는 연락을 받고 부랴부랴 귀국을 서두르기도 했었다. 다행히 곧 어머님의 상태가 호전되셨다는 연락이 와서 안심을 했지만, 송 씨는 아직도 그때를 생각하면 어머님의 임종도 지키지 못한 불효자가 되었을지도 모른다는 생각에 죄의식까지 느낀다.

송 씨의 아내도 시어머님을 극진히 모신다. 생활에 여유가 없어도 시어머님에게 식사, 의복, 용돈을 이웃 부럽지 않게 장만해 드린다. 어머님도 며느리에게 감사와 칭찬의 표현을 늘 하신다. 그리고 송 씨의 누이동생들과 이웃에게도 며느리의 훌륭함을 자랑한다. 남편과 떨어져 사는 며느리를 위로하고 격려한다. 얼마 전에는 그가 동리어린이집에서 일주일에 6시간 자원봉사를 하도록 주선해주었다. 이런 고부간의 화합된 관계를 아는 송 씨는 만족스럽게 여기고 있다. 그러나 송 씨는 어머님과 가족에게 자식으로서 그리고 가장으로서의 의무와 도리를 다하려고 무진 노력을 한다. 한 달에 한 번 가족의 생활비와 저금을 송금할 때는 반드시 편지를 쓴다. 글을 잘 읽지 못하시는 어머님에게도 편지를 쓰고 아내에게 읽어 드리도록 부탁한다. 바쁜 생활 가운데 자주 쓰지는 못해도 이렇게 한 달에 한 번 안부편지를 쓰는 것만은 거르지 않는다. 또 2주일에 한 번은 집으로 전화를 한다. 작년 그 일 이후로는 전화를 일주일에 한 번 이상 할 때가 많다. 특히 어머님을 꿈에 뵙기라도 하면 불안한 마음으로 꼭 집에 전화를 한다. 전화를 하면 아내와 어린 두 아들과 통화하기 전에 반드시 어머님과 통화한다. 안부를 묻고 불편하신 것이 없는지 살핀다. 아내에게는 부모님의 건강이 어떠하신가를 세세히 묻는다. 그리고 아들에게도 적적하신 할머님을 공경하고 위로해 드리도록 부탁한다. 귀국하는 동료가 있을 때는 어머님과 가족에게 그동안 마련해두었던 선물과 돈을 전하기도 한다.

그는 고등학교 동창인 의사 안 박사에게 부모님의 의료문제에 관해 전화와 편지로 자주 의논하여 적절한 치료를 해 드리도록 부탁하고 있다. 그리고 K병원에서 의료사회복지사로 일하는 고종동생과도 어머님에 대한 상의를 가끔 하고 있다.

송 씨는 두 여동생에게 부모님을 자주 찾아뵙도록 부탁한다. 부모님을 멀리 떠나 있기 때문에 불효를 한다고 생각하는 송 씨는 두 여동생들만이라도 자주 찾아뵙고 적적하지 않게 해 드렸으면 하는 마음에서이다.

그는 부모님과 처자를 한시도 잊지 않고 그 뜨거운 작업장에서 쉴 때면 고향과 부모님을 그리는 노래를 부른다. 명절 때가 되면 어머님과 가족을 만나지 못하는 것이 더욱 안타깝다. 그렇지만 고생이 지나가면 귀국해서 저축한 자원으로 어머님과 가족을 더 잘 돌볼 수 있으리라는 희망을 안고 착실히 일하고 있다.

이야기에 나타난 효 내용: 책임, 희생, 애정, 서로 돌봄

5) 시설 보호[1]

[치매증이 있는 부모를 노인 요양원에 입원시켜 돌보는 경우]

권진숙 씨(52세)는 1년 전부터 치매에 걸리신 시어머님(85세)을 모시고 있다. 일 년 전만 해도 당신의 옷가지를 챙기시고 집안 구석구석을 깔끔하게 청소하시던 시어머님이 지난겨울 목욕탕에서

넘어지신 후 크게 앓아누우시더니 치매 현상을 보이기 시작했다. 심할 때는 아무에게나 욕을 하시고 사람도 몰라보시며 조금이라도 정신이 들라치면 끙끙 앓곤 하셨다. 병원에서는 치매의 초기를 넘어선 증상으로 진단을 내렸다. 남편 공진환 씨(58세)도 평생 남편과 자식들을 위해 모든 것을 바치신 어머니가 이제 좀 평안히 사실 수가 있으신데 저렇게 상상도 못할 어려운 병환으로 고생하시는 것을 볼 때마다 마음이 아프고 가엾기 한이 없었다.

권 씨와 남편은 누구나 나이가 들면 자연히 저렇게 병환이 들게 되니 정성껏 돌아가실 때까지 잘 모셔 드려야 한다고 생각했다. 그렇다 해도 권 씨는 시어머님을 수발하는 일이 날로 힘들어졌다. 목욕시키는 일, 옷을 갈아 입혀 드리는 일, 화장실 내왕, 다치시지 않도록 보호해 드리는 일이며 그 외 모든 일을 다 해 드려야 하기 때문이다. 남편은 구청에 나가서 근무하고 두 아이들도 직장에 나가고 학교를 다녀 남의 손 하나 빌릴 수 없어 힘들었다. 권 씨도 늘 두통에 시달리고 관절염도 심해져 자신마저 앓아누울 지경이었다. 게다가 내년 초에 결혼할 큰아들의 일도 걱정이었다. 남편 공 씨는 위로 누이 둘과 아래로 여동생 하나를 둔 외아들이라 별로 친척의 도움도 바랄 형편이 못 되었다.

그러던 중 권 씨는 우연히 의학 잡지를 통해 치매가 노환이 아니라 엄연한 질병이며 적절한 치료를 하면 악화를 방지하고 약간의 회복도 가능하다는 것을 알았다. 그는 용기를 내어 남편에게 시어머니를 치매치료 및 요양전문시설에 맡겨 아주 악화되기 전에 예방하고 회복되도록 하자고 조심스레 제안하였다. 남편도 어머님의 병환과 집안 사정-권 씨 혼자 간병하기가 매우 어렵고 권 씨까지도 자칫하면 병상에 누울 가능성이 있음을 곰곰이 생각한 나머지 처음에는 어느 정도 권 씨의 제안에 찬성했으나 출가한 누이들의 반대와 여동생의 비판적인 시선 때문에 많이 망설였다. 그러나 어머님이 전문적인 치료와 간호가 필요하신 점, 권 씨가 건강을 유지하고 희생을 덜 해야 하는 점, 집안생활을 정상화해야 할 필요성 등을 십분 고려해보았을 때 대안이 없었다. 이들은 가정상담소의 선임사회복지사인 김 여사를 만나 그동안의 경위를 알리고 상담을 했다. 김 여사에 권유에 따라 며칠 후 권 씨는 남편과 근처의 요양시설을 돌아보고 보호부양을 담당하는 전문인들로부터 여러 가지 서비스에 대한 정보를 얻고 또 이들과 상담을 하여 어머님을 당분간 회복이 되시기 시작할 때까지만이라도 요양원으로 모시는 것이 어머니에게도 더 좋겠다는 데 합의했다.

요즘 그들은 일주일에 한 번씩 꼭 어머님을 찾아뵙는다. 그리고 담당 간호사에게 전화를 해서 어머님의 상태와 경과에 대해서 문의한다. 천안에 있는 그 요양원은 집에서 버스로 2시간 정도의 거리인데 치매환자들과 정신질환자를 맡아 전문적 케어를 하는 곳이다. 상당한 입원료와 치료비를 받는다. 물리치료와 적절한 간호를 함으로써 증세의 완화를 기대하는 것이다. 권 씨는 생활비를 대폭 줄이고 어머님의 입원료를 지불하는 데 지장이 없도록 하겠다고 결심하였다. 어머님은 요양원으로 가신 후 기분도 건강도 더 좋아지신 것이다. 권 씨도 건강을 조금씩 회복하고 있으며 결혼할 아들도 할머니를 찾아뵙고 시간을 보내 드린다. 남편 공 씨는 아내 권 씨가 어머님을 위해 그리고 집안일을 책임성 있게 도의적이면서도 합리적으로 처리한 데 대해서 만족하게 생각하며 어머님이 머지않아 회복되셔 집으로 모실 수 있기를 마음속으로 기원하고 있다.

이야기에 나타난 효 내용: 책임, 가족화합, 희생, 애정

6) 시설 보호[2]

[시설에 입주한 고령자들을 지역사회의 고령자인 자원봉사자들이 돌보는 사례]

김 씨 할머니는 금년 70세이다. 이분은 교원생활을 하다 은퇴하였고, 다섯 자녀를 키웠으며 손녀를 두고 있다. 여러 해 동안 교육자로서 그리고 어머니로서 만족스러운 생활을 한 분이다. 지방도시에서 살아 그곳의 여러 가지 지역사회활동에도 참여해왔다. 학생들의 과외활동을 돕기 위한 교회의 각종 사회활동, 음악회 지원, 이재민 지원, 다문화가정 돕기, 사회복지모금 등 다양한 봉사활동도 하고 있다. 그 지역의 아침운동클럽, 바둑클럽, 등산클럽 등의 회원이기도 하다.

작년에 김 씨 부인은 남편을 잃고 홀로 되었다. 자녀들은 멀리

떨어져 살고 혼자 작은 아파트에서 생활하고 있다. 그는 일주일에 두 번 자원봉사를 하기로 결심하여 가까운 노인요양원을 선정하여 그곳의 노인들을 방문해서 이야기를 나누는 봉사를 하기 시작했다.

그런데 김 씨 부인은 요양원의 노인들의 매우 딱한 사정을 알게 되었다. 많은 노인들이 종일 홀로 아무와도 대화하지 않으면서 의자에 앉아 시간을 보내고 있는 것이다. 이들은 이 세상에서 버림받은 사람들같이 보였다.

김 씨 부인은 가까운 친구들을 찾아 요양원 입주자들의 이런 딱한 사정을 알려주었다. 이들과 상의한 후 그룹을 이루어 요양원 노인들에게 마사지를 해주기로 결정하고 마사지 방법을 배웠다. 그리고는 그 양로원 관리인과 협의하여 입주노인들에게 마사지를 해주기 시작했다.

마사지를 해주는 일은 상대방 노인 개개인에 관심을 집중하여 대화를 나누며 그분의 건강을 염려하고, 신체를 어루만지면서 기분을 좋게 하여 생기를 돋우는 일종의 비전문적 치료서비스라고 볼 수 있다. 이들 봉사자들의 기본적인 자세는 노인들을 존중하면서 돌보는 것이다.

몇 주일 사이에 큰 변화가 일어났다. 창가에 앉아 맥없이 시간을 보내던 노인들 수가 줄어들고 이들이 서로에게 관심을 가지고 접촉하기 시작한 것이다. 걸어 다닐 수 있는 분들은 다른 사람을 걷도록 부축하고 운동을 하도록 돕기도 하였다. 서로 접촉과 대화를 시작한 것이다.

김 씨 부인은 건강이 좋지 않은 고령자들이 김 씨 그룹의 지도를 따라 아름다운 서로 돌봄 관계를 맺어 나가는 상황을 만족스럽게 지켜보았다.

김 씨 부인 자신도 이렇게 봉사를 하게 되자 보람과 자기 존중감을 높이고 생에 대한 의욕을 가지게 되었다. 뿐만 아니라 입주자들의 가족으로부터 감사의 말을 듣고 지역사회 유지로부터 칭찬과 격려의 메시지를 받으면서 만족스러운 날을 보내고 있다.

위의 사례에서 김 씨 부인은 자신이 고령자이면서 다른 고령자들에게 보다 뜻있는 생을 즐기도록 돌보는 역할을 할 수 있었고, 자신을 위해서도 만족스러운 대가-보람과 긍지-를 가질 수 있었다.

다시 말해서 김 씨 부인과 요양원의 고령자들은 그들을 둘러싸고 있는 사람들로부터 동정적으로 그들의 존재를 인정받고 상호 의존적 돌봄 관계를 유지하면서 그들 자신의 존엄성을 높일 수 있게 된 것이다.

오늘날 사회는 한 집안에서 여러 세대가 함께 살던 지난날의 사회와는 다르다. 가족원들은 흩어져 산다. 그래서 혼자서 독립적으로 사는 고령자들이 놀라울 정도로 많아졌다.

고령자들은 다른 사람들과 서로 의존하면서 돌보는 관계를 유지해나가야 한다. 사실 우리 문화에서는 전통적으로 이러한 상호 의존하면서 서로 돌보는 생활방식을 적용해왔다.

앞으로도 이런 생활방식을 활용해서 돌봄이 필요한 사람들이 서로 돌봄 관계를 유지토록 좀 더 적극적으로 유도해나가야 하겠다.

이야기에 나타난 효 내용: 이웃돌봄, 존경, 화합, 동정

위에 소개한 사례들은 떨어져 살면서 서로 돌봄-효-을 의무적으로 실행하는 실태를 알려주는 이야기들이다.

앞으로 많은 가족들은 위의 사례들과 같이 떨어져 살면서 노부모를 돌보아 나가게 될 것이다.

우리는 서로 의존하면서 도와 나가는 호혜적 가족망을 가졌으며 국토가 작은데다가 교통통신 수단이 매우 발달되어 가족원들과 쉽게 접촉하면서 서로 돌볼 수 있는 이점을 간직하고 있다.

노부모를 지원할 책임은 앞으로 늘어만 날 것이다. 이 책임의 일부는 국가사회가 제공하는 사회복지 체계가 제한적이나마 맡게 된다. 우리가 다루어야 할 중요한 과제는 가족과 국가가 이 책임을 어떻게 효과적으로 나누어 수행해나가느냐는 것이다. 효는 이 과제를 풀어나가는 데 매우 도움이 되는 힘으로 작용할 것이다.

제10장 고령자가 필요로 하는 돌봄

이 장에서는 고령의 부모가 필요로 하는 돌봄이 어떠한 유형의 것인가를 살펴보고자 한다. 주로 가정에서 일상생활을 하는 중 관찰할 수 있는 돌봄 유형에 대해서 알아본다.

효를 한다는 것은 곧 부모가 필요로 하는 돌봄을 제공해 드리는 것이다. 따라서 돌봄은 효의 기본적 지표라고 할 수 있다. 가정 안에서 고령의 부모와 가족원에게 제공하는 돌봄은 다양하다. 이런 돌봄에 대한 이해와 지식을 가지고 필요할 때 이를 제공해야 하며 가족의 힘으로 제공할 수 없을 경우에는 바깥의 돌봄 제공자로부터 지원을 받도록 주선해야 한다.

서로 돌보는 관계를 유지하는 데 지켜야 할 중요한 조건은 내가 상대편에게 주는 것이 나의 판단으로 좋고 쓸모가 있는 것이라야 하고, 또 이것을 받은 상대편도 받은 것이 자기에게 바람직하고 도움이 된다고 인정해야 한다. 이러한 교환의 기본조건은 남을 자발적으로 사랑하고 돌보아주려는 측은지심을 발휘하는 것이다.

다음에 고령자를 위한 돌봄을 2단계에 걸쳐 살펴보고자 한다.

첫 단계에서는 효행상을 받은 성인 자녀가 부모에게 제공한 다양한 케어/서비스들을 분류해보겠다. 효행자들이 가족 중심으로 제공한 다양하고 복합적인 노부모를 위한 돌봄의 유형을 가려내고자 한다.

둘째 단계에서는 안녕을 1. 사회적 안녕, 2. 심리적 안녕, 3. 신체적 안녕의 세 부분으로 나누어 각각의 안녕을 이룩하는 조건들을 탐색해보겠다.

:: [가족 중심적 돌봄의 유형]

다음은 효행상을 받은 성인 자녀들이 가족을 중심으로 하여 그들의 노부모에게 제공한 돌봄의 종류를 분석해본 것이다(성규탁, 『한국인의 효』 제1권, 2010 참조).

1) 자주 제공한 돌봄

(1) 개인적 돌봄

* 내면적
  - 존경해 드림
  - 관심을 가져 드림
  - 뜻을 따라 드림
  - 보살펴 드림
  - 마음을 편하게 해 드림
  - 소원을 성취해 드림
  - 늙어가심을 딱하게 여김
  - 말상대가 되어 드림

* 외면적
  - 병간호를 해 드림
  - 대소변을 도와 드림
  - 식사 시중을 해 드림
  - 약을 공급해 드림
  - 안마를 해 드림
  - 위독할 때 헌혈을 해 드림
  - 세탁을 해 드림

- 목욕을 시켜 드림
- 방을 정리해 드림
- 책, 신문을 읽어 드림
- 교통편을 제공해 드림
- 외출할 때 동반해 드림
- 업어서 이동시켜 드림
- 용돈을 드림
- 생활환경을 안전하게 해 드림
- 사회활동을 도와 드림
- 평생교육을 지원해 드림

(2) 가족을 위한 돌봄
- 가족을 부양함
- 자녀와 형제자매의 교육을 지원함
- 가족의 장래를 위해 저축함
- 성묘와 묘 관리를 함
- 친척을 지원함

(3) 지역사회를 위한 돌봄
- 이웃 노인을 도와 드림
- 양로원 또는 노인정에서 봉사함
- 노인학교를 후원함
- 공익사업을 지원함

이처럼 효행자가 제공한 돌봄은 '부모', '가족' 및 '지역사회'를 위한 세 가지 부문으로 나눌 수 있다. 그리고 이 다양한 돌봄은 내면적 돌봄과 외면적 돌봄을 통합하고 있다. 가족을 위한 돌봄에는 자녀교육, 형제자매를 위한 교육, 대가족 부양, 가장으로서의 역할수행 그리고 시동생을 교육하거나 결혼시키는 일까지 포함되어 있다.

효행자들은 심리적(부모 의견 존중, 마음을 편히 해줌, 말상대가 됨 등), 신체적(병간호 등 건강을 돌보는 일) 및 사회적 차원(가족원들의 화합과 이웃공동체의 복리를 위한 서비스들)의 세 가지 차원의 돌봄을 제공하였다.

이처럼 효행은 상당히 광범위한 돌봄으로 수행되었다. 가족의 테두리에서 넓은 이웃과 사회로 확대되었다. 효행자들이 심리적, 신체적 및 사회적 차원에 대한 연구를 하지 않았을 텐데 그들의 효행을 구분해본 결과 이 3개 차원에 걸친 돌봄이 포괄적으로 제공된 것으로 나타났다. 인이 넓게 사회적 돌봄으로 실행된 것이다.

:: 안녕을 위한 조건

1) 고령자의 안녕

고령자의 안녕(웰빙)을 '사회적 안녕', '심리적 안녕' 및 '신체적 안녕'으로 구분할 수 있다. 이 세 가지 안녕은 개념상으로는 나눌 수 있지만, 실제로는 서로 연계되어 있다. 고령자들의 문제를 다각적으로 다루는 체계적 틀을 제시한 연구가 드물다. 위의 3가지로 이루어진 안녕의 틀은 이러한 제한점을 보완할 수 있다.

이 3가지 안녕을 고령자가 어느 정도로 감지하고 있는가를 조사해보았다. 이 조사의 결과에 따라 고령자가 필요로 하는 돌봄의 유형을 파악할 수 있었다.

서울에 사는 60세 이상의 거택 고령자 452명을 다단계 집락표집 방법으로 골라서 방문하여 설문지를 사용해서 안녕에 대한 응답을 구했다.

조사대상자들은 60세에서 74세 사이가 전체의 76%를 차지하며, 배우자와 함께 사는 분들이 54%이다. 배우자와 사별한 190명 중 여자가 73%를 차지한다. 교육 정도는 중학교 또는 그 이하가 전체의 65%이다. 직업을 가진 노인이 21%이고, 71%가 자녀에게 경제적으로 의존하고 있다. 연금, 저금 및 사회보험으로부터 지원을 받는 노인의 수가 18%에 불과하다. 주거형태는 78%가 자택 또는 자녀의 집에서 살고 있다.

(1) 사회적 안녕

사회적 안녕은 ① 주거형태(동거, 별거), ② 경제적 형편, ③ 생활환경이 적절히 유지되어야만 이룰 수 있다고 보았다. 이 3가지 지표들에 대해서 살펴보았다.

① 주거형태와 사회관계

노부모들은 돌봄(정서적 지지와 일상생활에 필요한 자원 제공)을 해줄 수 있는 가족을 기지고 친척과 친밀한 관계를 유지함으로써 사회적 안녕을 이룩할 수 있다. 동거자의 수, 동거자와의 관계 및 대화시간, 가족 및 친척과의 만남의 빈도와 친밀성에 관하여 조사했다.

기혼자녀와 동거하는 분들이 전체의 56%이고, 이 중 장남 부부와 동거하는 분들이 43%, 부부끼리만 사는 분들이 15%이다. 본 조사에 참여한 고령자들은 성인 자녀와 동거하는 분들이 비교적 많은 편이다. 71%가 하루에 1~3시간 정도 동거자와 대화한다. 동거자와 대화하는 시간과 가족친밀도와는 거의 상관관계가 없음이 시사되었다(r=.037, p=.22).

응답자들의 대부분은 가족원들과 함께 생활하며 가족 이외의 원조망을 거의 갖추지 못한 것으로 나타났다. 친척, 이웃, 친구와의 관계를 조사하였으나 긍정적인 지원관계가 나타나지 않았다.

② 경제적 형편

경제적 사정을 파악하기 위해 자녀의 도움이 필요한 정도 및 비상금 준비 정도를 성별, 연령, 동거자 수 및 직업 유무에 따라 살펴보았다.

여자고령자가 자녀로부터의 도움을 훨씬 더 많이 필요로 했다(필요 정도: 남=16%, 여=66%). 연령이 높아짐에 따라 자녀에게 도움을 요구하는 노인이 많아진다(70세 이하=36%, 70~74세 =66%). 약 60%가 자녀의 도움이 필요하며 비상금이 부족하다고 했다. 예상했듯이 직업을 갖지 않은 분들이 직업을 가진 분들에 비하여 자녀의 도움을 더 필요로 하였다(25% 대 63%). 건강유지 비, 여가활동비, 음식구입비, 주택유지비, 의류구입비는 충분하다고 응답한 분들과 부족하다고 응답한 분들이 거의 비슷한 비율이다.

따라서 대다수 응답자들은 경제적 사정에 만족한다고 볼 수 없다.

③ 생활환경

생활하는 지역에서 느끼는 안전도(범죄 등의 위험으로부터), 젊은이의 태도, 연령으로 말미암아 받은 부당한 대우에 관하여 조사해보았다.

대다수는 생활환경에 만족하였다. 18%는 위험하다고 했으나, 65%는 안전하다고 느끼고 있었다. 젊은이로부터 존경을 받는 데 대해서는 36%가 존경을 받지 못한다고 했고 37%는 존경받는다고 보았다. 나이가 많다고 해서 부당한 대우를 받은 경험이 있는 분이 23%였다. 여자노인보다 남자노인이(여=24%, 남=44%), 높은 연령층의 분들에 비하여 낮은 분들이(높은 연령층=33%, 낮은 연령층=49%), 그리고 직업을 갖지 않은 분들에 비하여 직업을 가진 분들이(무=30%, 유=56%) 존경을 받는 정도가 낮다고 응답했다. 이처럼 존경도가 성별, 연령별 및 직업 유무에 따라 차이가 있음은 고령자들의 활동과 관계가 있는 것으로 추측된다. 남자는 여자에 비하여, 낮은 연령의 분들이 고령의 분들에 비하여, 직업이 있는 분들이 없는 분들에 비하여 생활현장이 더 복잡하고 활동범위가 더 넓다. 복잡하고 경쟁적인 환경에서 신진세력과의 대립과 갈등을 경험할 수 있는데 이 자료는 이러한 어려움을 시사하는 것으로 보인다.

사회활동에 대한 욕구를 알아보려고 가족과의 외출 빈도, 주말계획, 취미활동 및 일자리 안내에 대한 필요도를 조사하였다.

1개월 동안에 가족과 함께 외출하는 횟수가 1회 또는 그 이하라고 응답한 분들이 82%가 된다. 주말계획을 세우는 데 있어서도 77%가 별로 혹은 전혀 세우지 않는다고 했다. 취미활동 시간에 대해서는 '그저 그렇다'라고 응답했다(평균=3.02, S.D.=.17; 1=매우 충분 …… 5=매우 부족함). 일자리 안내는 68%가 필요하다고 응답했다(평균=2.17, S.D.=1.23; 1=매우 필요함 …… 5=전혀 필요 없음).

가족 외출빈도 및 주말계획은 동거자 수가 많은 분들이 더 많이 하는 경향임이 시사되었다.

(2) 심리적 안녕

심리적 안녕은 다차원적인 변수이지만, 흔히 생활만족도를 가지고 추정한다. 생활만족도는 개인이 소원한 바와 그가 달성한 바가 어느 정도로 합치되느냐를 가리킨다. 노년학에서는 이러한 생활만족도와 사기가 심리적 안녕을 가리키는 중요한 지표가 된다고 본다. 본 조사에서는 다만 생활에 대한 만족도만으로 심리적 만족도를 추정하였다. 사용한 질문은 "어른께서는 그동안 살아오신 생활에 어느 정도 만족하고 계십니까?"이다. 응답한 분들 중 52%가 생활에 만족하였다. 생활만족과 경제상태(비상금, 건강유지비, 여가활동비, 의류구입비) 사이에 비교적 높은 정적 상관관계가 있음이 시사되었다. 전국노인실태조사(2011)에서도 같은 결과가 나왔다. 즉, 가구수입이 높을수록 생활만족도가 높다. 이러한 자료는 경제적 요인이 심리적 안녕에 영향을 미치고 있음을 시사한다.

(3) 신체적 안녕

건강상태는 독립적으로 생활하는 능력을 나타낸다.

신체적 안녕 상태를 측정하기 위하여, 첫째로 위에서 ADL척도와 IADL척도에 포함된 일상적 활동에 관한 항목들 중에서 중요하다고 본 6개 항목들(식사하기, 대소변 조절, 근거리 외출, 전화사용, 물건 사기, 목욕하기)을 발췌해서 간단한 신체기능검사를 실시하였다. 조사대상자들의 매 10명마다 질문을 하여 총 46명으로부터 응답을 받았다. 3단위 척도(1=혼자 힘으로 함, 2=부분적으로 도움을 받아서 함, 3=혼자서는 불가능함)로 판정하도록 했다.

아울러 건강상태에 대한 고령자들의 주관적 판단 및 영양상태도 조사하였다.

본 조사에 참여한 분들은 모두가 바깥출입을 포함한 일상적 활동을 하는 데 어려움이 없는 분들이다.

6가지 항목들의 평균이 1.2로 나와 거의 남의 도움이 없이 활동할 수 있음이 시사되었다.

'보행(근거리 외출; 걸어 다니는 것)'은 모든 건강변인들과 긍정적인 상관관계가 있음이 시사되었다. 즉, 보행이 자유로운 분들은 다른 일상적 활동에서도 불편을 느끼지 않을 뿐만 아니라 건강상태도 양호함이 시사되었다. 다음으로 물건 사기, 목욕하기, 식사하기, 전화하기, 대소변 보기도 건강변인들과 긍정적인 상관관계가 있다.

신체적 건강상태를 더 점검해보려고 지난 6개월 동안의 병원 내왕빈도 및 신병일 수, 건강상태에 대한 주관적 판단을 조사하였다. 병원 내왕빈도 및 신병일 수와 주관적 건강과의 연관성을 알아보려고 카이스퀘어검증을 하였다. 주관적 건강상태에 따라 병원 내왕빈도 및 신병일 수에 차이가 있음이 시사되었다. 건강상태에 따른 신병일 수를 알아본 결과, 평균이 2.6(1=매우 좋다 ······ 5=매우 나쁘다)으로 건강상태는 '보통'인 것으로 시사되었다.

또한 영양상태를 파악하기 위해 식사 정도, 식이요법 여부, 소화상태, 조리상태 등을 조사하였다. 76%가 식사를 잘하는 편이라고 응답하였다. 소화가 잘되는 편이라고 응답한 분은 69%이다. "음식의 맛이나 조리상태에 개선할 점이 있다고 생각하십니까?"

라는 질문에 대해서는 38.7%가 필요 없다고 응답하였다.

위에 소개한 6가지 생활기능에 관한 자료는 ① 일상생활기능, ② 수단적 생활기능의 두 가지의 일상생활을 하는 데 필요한 자기유지능력을 파악하기 위한 조사도구(ADL, KADL)를 사용해서 검정한 것이다(한국노년학포럼, 2010: 233~241). 모두가 집안에서 가족원 또는 동거자가 도와줄 수 있는 기능들이다. 그러나 어떤 기능을 도와주기가 어렵게 되면 재활전문인, 영양사, 간호사, 의사와의 상담/진단이 필요하다. 조사에 참여한 고령자들은 모두가 바깥출입을 하면서 정상적인 신체적 기능을 하는 분들이다.

아래의 설문은 1과 2의 각종 기능을 검정하기 위한 설문이다.

* 일상생활기능
1) 옷 입기(내복, 외투를 포함한 모든 옷을 옷장이나 서랍, 옷걸이에서 꺼내 챙겨 입고 단추나 지퍼, 벨트를 채우는 것) [다음 질문을 해서 이 기능을 알아볼 수 있다.]

   (1) 다른 사람의 도움 없이 혼자서 한다.
   (2) 부분적으로 다른 사람의 도움을 받아 한다.
   (3) 다른 사람의 도움이 없으면 못 한다.

2) 세수하기(세수, 양치질, 머리 감기를 하는 것)

답 *(1)* *(2)* *(3)*

3) 목욕하기(욕조에 들어가서 목욕하거나, 욕조에 들어가지 않고 물수건으로 때 밀기, 샤워 등을 모두 하는 것)

답 *(1)* *(2)* *(3)*

4) 식사하기(음식이 차려져 있을 때 혼자서 식사를 할 수 있는 능력을 가지는 것)

답 *(1)* *(2)* *(3)*

5) 이동(잠자리/침상에서 벗어나 방문을 열고 밖으로 나오는 것)

답 *(1)* *(2)* *(3)*

6) 화장실 사용하기(대소변을 보기 위해 화장실에 가는 것과 대소변을 본 후에 닦고 옷을 추려 입는 것)

답 *(1)* *(2)* *(3)*

7) 대소변 조절하기(대변이나 소변 보기를 참거나 조절하는 능력을 가지는 것)

답 *(1)* *(2)* *(3)*

* 일상 수단적 생활기능

다음의 10개 항목들은 위의 기본적인 생활기능 이외에 일상생활을 하는 데 필요한 수단적인 기능들이다.

1) 몸단장(빗질, 화장, 면도, 손/발톱 깎기)
[아래와 같은 답을 얻어 기능 정도를 파악한다.]

(ㄱ) (기구만 있으면) 타인의 도움 없이 혼자서 한다.
(ㄴ) 한두 가지는 다른 사람의 도움을 받아야 한다.
(ㄷ) 다른 사람의 도움이 없으면 못 한다.

2) 집안일(실내청소, 설거지, 침구정리, 집안을 정리 정돈하기)
답 *(ㄱ) (ㄴ) (ㄷ)*

3) 식사준비(음식재료 준비, 요리, 상차림)
답 *(ㄱ) (ㄴ) (ㄷ)*

4) 빨래하기(손으로 또는 세탁기를 이용하여 세탁한 후 널어
말림)
답 *(ㄱ) (ㄴ) (ㄷ)*

5) 근거리 외출(교통수단을 이용하지 않고 가까운 상점, 관공
   서, 병원, 이웃 등을 다녀옴)
   답 (ㄱ) (ㄴ) (ㄷ)

6) 교통수단 이용(버스, 지하철, 택시 등 대중교통수단을 이용
   하거나 직접 차를 몰고 먼 거리를 다녀오는 것)
   답 (ㄱ) (ㄴ) (ㄷ)

7) 물건 사기(상점에 들어갔을 때 필요한 물건을 결정하고, 사
   고, 돈을 지불하는 능력)
   답 (ㄱ) (ㄴ) (ㄷ)

8) 금전관리(용돈, 통장관리, 재산관리)
   답 (ㄱ) (ㄴ) (ㄷ)

9) 전화사용(전화번호를 찾고, 걸고, 받는 것)
   답 (ㄱ) (ㄴ) (ㄷ)

10) 약 챙겨 먹기(제 시간에 정해진 양의 약 복용)
   답 (ㄱ) (ㄴ) (ㄷ)

위의 두 가지 생활기능을 조사한 결과에 대해서는 앞서 논의

한 '신체적 안녕'에서 요약해서 기술하였다.

:: 논의

위에 소개한 자료는 고령자가 필요로 하는 돌봄의 유형과 영역을 알려주는 내용이다.

고령자들의 돌봄에 대한 욕구는 매우 다차원적이기 때문에 적어도 사회적, 심리적 및 신체적인 차원들을 종합해서 고려해야만 하겠다.

먼저 노부모들의 사회적 안녕상태는 사회적 지원망과 경제적 및 환경적 사정에 따라 결정되는 경향임이 시사되었다. 즉, 이분들의 욕구를 충족하도록 원조하는 사람들이 있는가, 자녀로부터 금전적 지원을 받는가, 그리고 생활환경으로부터 위협을 받는가에 따라 사회적 안녕이 좌우되는 것으로 나타났다.

대다수는 가족 이외의 다른 사회적 지원체계와는 별로 밀접한 관계를 갖지 않은 것으로 보였다. 상당수는 가족과의 서로 돌봄 관계도 그다지 깊은 것으로 보이지 않았다. 이 점이 다음 장에서 논의하는 사회적 지원망의 필요성을 시사하는 것이다.

어떻든 이분들의 대다수는 가족에 전적으로 의존하면서 가족으로부터 돌봄을 받고 있다. 가족 밖에서 사회적 지원을 받는 정도는 미미한 것으로 보였다. 따라서 이분들은 복합적인 욕구들을 충족하기 어려운 형편에 있다고 볼 수 있다.

경제적 상태는 그저 그런 편으로 나타났으나 비상금 및 여가활동비가 부족하다고 느끼는 분들이 상당히 많았다. 대다수가 자녀의 도움을 원하고 있다. 연금, 사보험 및 저축과 같은 사회적 보험을 이용하는 분들이 매우 적었다. 이 사실은 노후대책의 필요성과 고령자들의 경제적 어려움을 시사하는 것이다. 심리적 안녕상태를 좌우하는 주요인은 생활만족으로 나타났는데, 결혼상태, 동거자 수 및 건강상태와 같은 사회적 및 신체적 요건이 생활만족도와 깊은 관련이 있음이 일관성 있게 시사되었다.

심리적 안녕은 대체로 양호한 편이다. 심리적 안녕과 경제적 상태 사이에는 비교적 높은 상관관계가 있어 경제적 생활조건이 좋지 않은 분들은 심리적 안녕상태도 좋지 않음이 시사되었다.

대다수는 신체적으로 건강한 편이었고 영양상태 및 일상활동에도 별로 곤란을 느끼지 않았다. 병약한 분들로부터 자료를 얻기가 어려워 일상활동을 하는 분들을 대상으로 했기 때문에 응답자들의 건강상태가 비교적 좋은 것으로 추정한다.

보건서비스프로그램(의료보험, 의료보호, 건강진단)에 대한 인지도가 병원 내왕빈도 및 신병일 수에 영향을 미치고 있음은 주목할 점이다.

일상활동에는 가족이 함께하는 외출과 주말계획을 세우는 횟수가 적었으며 일자리안내서비스를 요구하고 있음이 나타났다. 이러한 자료는 고령자들의 사회적 활동에 대한 욕구를 시사한다.

이상과 같은 고령자들의 욕구의 대부분은 산업화 및 도시화로 말미암은 가족의 변화 때문에 증대한 것으로 짐작할 수 있다. 우리가 부딪힌 어려운 문제는 부양기능이 약화하는 가족에게 아직도 많은 노부모들이 전적으로 의존하면서 벅찬 욕구가 충족되기를 기대하고 있다는 사실이다.

이러한 점들을 보아 정부가 제공하는 사회복지서비스는 물론 가족과 민간이 제공하는 돌봄의 양과 질을 다 같이 높여야만 이분들의 돌봄 욕구를 충족할 수 있을 것이다. 사회복지기관은 특히 노부모를 위한 가족과 지역사회의 사회적 지원망을 개발하도록 도와야 하겠다. 특히 종합적인 케어를 제공할 수 있는 '커뮤니티 케어(공동사회의 보살핌)' 사업의 개발이 필요하다고 본다.

노부모의 비상금 및 여가활동비에 대한 욕구는 사회적 활동에 대한 욕구와 연관 지어 생각할 수 있다. 노인복지기관은 노인능력은행, 일자리알선단체, 직업안내소, 자원봉사단체 등 노인복지기관들과 긴밀한 협력관계를 이루어 직업을 원하는 분들에게 고용과 사회활동의 기회를 제공함으로써 경제적 형편의 호전을 도모하는 한편, 고령자의 특성에 맞는 자원봉사프로그램을 개발함으로써 사회활동에 대한 욕구를 충족하도록 지원할 수 있을 것이다.

노인복지기관은 서비스에 대한 정보를 제공하는 동시에 지역사회 및 관련기관들과 협력하여 이분들을 욕구충족에 적합한 서비스와 연결해주어야 한다. 또한 지역사회 내에서 손쉽게 서비스

프로그램을 활용할 수 없는 노인을 위해서는 이분들을 직접 찾아서 돕는 추적서비스와 같은 프로그램을 개발하여 보다 쉽게 서비스를 활용할 수 있도록 도와야 할 것이다.

고령자와 가족이 필요로 하는 사회복지서비스에 관하여 제13장에서 논의한다.

제11장 위급할 때의 돌봄

　돌봄은 평상시에 제공하는 경우가 많지만 부모와 피부양자가 위급할 때 제공되는 경우도 흔히 있다. 만성 또는 급성질환을 앓는 고령의 부모를 가진 자녀는 그분들이 세상을 떠나시기 전에 본인과 가족을 위해 해두어야 할 업무를 마쳐두어야 한다.

　자녀는 부모가 위급한 상태에 처했을 때 시급히 그분들을 방문해서 치료와 회복을 위한 적절한 대책을 강구하는 한편 그분들 생전에 정리해야 할 작업을 조속히 수행해야 한다. 이런 상황에 이르면 부모 자녀 간의 서로 돌봄 관계가 종국적 단계에 이른 것이라고 할 수 있다. 이 장에서는 이런 중대한 단계에서 자녀가 해야 할 과업에 대해 논하고자 한다.

:: 서로에 대한 걱정

부모와 자녀가 서로에 대해 가장 걱정하는 것은 건강이다. 멀리 살면 부모님의 건강상태를 정확히 알아보기가 어렵다. 전화를 통한 대화로는 잘 알 수 없다. 부모님이 자기의 건강상태에 대해서 정확히 설명하지 못하는 경우가 있기 때문이다. 자녀가 걱정을 할까 자기들의 질병상태를 알려주기 꺼려할 수 있고 또 어느 경우에는 자녀를 빨리 만나고자 상태를 과장해서 말할 경우도 있는 것이다.

:: 위급할 경우

다음의 어느 한 가지라도 발생하면 부모를 즉시 방문해야 한다.

- 부모의 상태가 의학적으로 위급해서 의사가 자녀의 출두/입회를 요청할 경우
- 가족원이나 친구가 노부모의 건강상태가 급속히 나빠졌다고 알려올 경우
- 부모를 돌보는 사람으로부터 부모가 건강을 유지하는 데 필요한 요건을 갖추지 못하고 있다는 연락이 있을 경우
- 부모님이 약물 과용, 자동차 사고 또는 낙성(넘어짐)으로 중

상을 입었을 경우

· 부모가 화재나 자연적 재해를 당할 경우
· 아무도 노부모와 접촉할 수 없는 경우

이러한 위급한 상황에 부딪칠 경우 적어도 다음 두 가지를 해야 한다:

첫째, 노부모를 즉시 방문하는 일,

둘째, 위급한 상태를 발생시킨 문제를 해결하는 일.

그다음에는 아래 사항들을 고려한다.

· 부모님을 방문하는 데 비용이 많이 들지 않는 교통수단
· 부모님이 필요로 하는 치료 및 보살핌의 유형과 이를 제공해줄 수 있는 사람들
· 활용할 수 있는 서비스(가족과 지역사회에서 구할 수 있는)
· 부모님을 다른 곳으로 옮겨 모시는 일

:: 위급하지 않을 경우

부모님의 상태가 위급하지가 않을 경우가 있다. 흔히 어른이 개인적 판단에 따라 자신의 건강상태를 판정할 경우 실제 상태와 차이가 생길 수 있다.

어떤 자녀는 부모님의 상태가 어떻든 연락을 받으면 죄의식에서 직시 방문여행을 떠날 것이고 어떤 자녀는 냉정히 상황을 알아본 후에 직시 방문하지 않아도 된다고 판단하면 방문을 연기 또는 중단할 수 있다. 그러나 만약 상태가 악화하여 위기에 이르면 이런 판단은 큰 실책이 될 수 있다.

위급하지 않을 경우를 생각해보자.

위급하지 않을 경우에는 적어도 다음과 같은 여러 가지 사항들을 고려해야 한다. 이들 사항에 대해서 알아보고는 방문여행을 즉시 해야만 하는가 아니면 연기할 수 있는가 결정을 내릴 수 있다. 이런 결정을 위해 다음 사항을 검토한다.

- 방문여행을 하기 전에 부모님이 사시는 곳에 누군가 부모님을 돌보아줄 사람이 있는가 그리고 부모님의 지원망이 있으면 이 지원망에 속하는 멤버들을 활용할 수 있는가?
- 방문여행을 하는 데 필요한 여비를 마련한다.
- 직장에서 휴가를 받는다. 휴가를 못 받으면 무급으로 여행을 할 수 있는가? 여행기간 동안 대리근무를 할 사람을 구해야 하는가?
- 여행기간 중 아이들과 배우자를 돌보기 위해 특별한 조치를 취해야 하는가?
- 여행을 하기 전에 돈을 지불하거나 특별한 사무 처리를 해야 할 일이 있는가?

- 머지않아 부모님을 또 방문해야 하는가? 그렇다면 짧은 기간 여행을 두 번 해야 하는가?
- 방문여행을 즉시 해야만 한다면 여행방법에 대해서 자세히 알아둔다.

:: 부모님을 찾아가는 방법

부모님이 계시는 곳으로 가는 최선의 여행방법을 생각해본다. 자동차 여행은 3~4시간이 걸리는 여행이 적당하다. 기차와 버스는 경비가 많이 안 들어 부모님이 계시는 곳으로 빨리 갈 수 있다면 적당한 방법이 될 수 있다. 부모님이 수백 리 밖에 계시는 경우에는 비행기 여행이 알맞다.

자동차로 방문할 경우에는 다음 사항들을 참고로 하는 것이 좋다.

- 믿을 수 있는 자동차 수리점에서 자동차의 전반적인 컨디션을 점검한다.
- 행선지의 도로사정과 일기예보를 알아둔다.
- 자동차를 대여(리스)해야 할 경우는 노부모가 위급해서 여행을 하게 됨을 알린다. 대여회사에 따라서는 이럴 때 리스요금을 할인해주는 경우가 있다.
- 자동차 대여회사들이 제시하는 요금을 비교해본다.

- 대여할 차의 총 주행거리 또는 일당 주행거리별 대여조건을 대조해보고 유리한 편을 선택한다.
- 개인적으로 자동차 보험에 들어가 있으면 대여 자동차를 위한 보험을 살 필요가 없다.
- 자동차를 반환할 때 연료탱크를 채운다.
- 매우 피곤하거나 화가 날 때는 운전을 삼간다.

기차나 버스를 이용할 때는 다음을 참고한다.
- 회사들이 제시하는 목적지까지의 운임을 비교해보고 중간에 정차하는 곳이 몇 군데가 되는지 알아본다.

비행기를 이용할 때는 다음 사항들을 알아본다.
- 가능하면 일주일 전에 비행기 표를 저가로 구입하도록 한다.
- 가능하면 주말에 비행을 하지 않음으로 요금을 낮출 수 있다.
- 신문광고의 할인 비행기편을 이용한다.

:: 출발하기 전에 유의할 사항

이러한 방문여행에 관련된 일들을 혼자 해나가야 할 경우가 있는데 가능한 한 자신의 지원망에 속하는 멤버들의 도움을 받아 진행하는 것이 좋다.

방문여행 동안에 해야 할 일들을 자세히 적어놓고 그 일들의 우선순위를 정해둔다. 이런 일들을 '돌봄일지'에 기록해두고 이 기록에 따라 방문여행을 준비하고 실행한다.

그리고 방문할 곳에 있는 지역사회복지단체, 지역사회봉사그룹 등에 대한 정보를 얻는다. 지원을 해줄 사람들에게 연락해서 여행계획에 대한 그들의 조언과 의견을 들어본다. 가능하면 이들과 식사를 같이 하면서 그들이 제공할 수 있는 도움을 요청한다.

일단 방문을 하면 부모님의 돌봄을 위한 계획을 한 번에 다 수행할 생각을 하지 말고 매일 하나둘씩 해나가는 단계적 접근을 하는 것이 효율적이다. 보살피는 동안에 새로운 일들이 발생할 수 있다. 즉, 모든 일을 한 번 방문에 다할 생각을 말고 어떤 일은 다음 방문 때 하도록 연기할 수 있을 것이다. 이렇게 나누어 한두 가지 일에만 집중하여 그 일을 수행함으로써 실망과 좌절감을 갖지 않을 수 있다.

:: 방문 중에 할 일

부모님의 상태가 위급하지 않아 대화를 할 수 있으면 다음 일들을 해나간다.

먼저 부모님 자신에 관한 문서/기록 파일을 마련하도록 도와드린다.

자신의 법적 및 재정적 기록을 정리하는 것은 쉬운 일이 아닌
데 하물며 부모님의 이런 기록을 작성하기는 더욱 쉽지 않은 일
이다. 그러나 내가 아니면 가족원들 가운데 누군가가 이 일을 도
와드려야 한다.

 * 부모의 인적사항 파일
 · 성명, 생년월일, 출생지
 · 주민등록번호
 · 법적 거주지 주소
 · 배우자와 자녀의 성명 및 주소(사망자가 있을 경우 사망증
   명 발행구청/면사무소 소재지)
 · 유언, 신탁, 출생증명, 혼인증명, 이혼증명 등을 발행하는
   구청/면사무소 소재지
 · 근무처, 고용단체, 고용주, 근무기한
 · 소속교회, 절, 기타 종교단체; 신부, 목사, 스님의 성명
 · 제휴하는 단체명과 회원 자격
 · 받은 포상 및 표창
 · 가까운 친구, 친척, 의사, 변호사, 재정 상담자의 성명, 전화
   번호, 주소 및 e-mail 주소
 · 사망 시 선택하는 매장방법 및 매장 준비상황

특히 재정사항 파일은 별도로 아래와 같이 작성해두는 것이 좋다.

* 재정사항 파일

- 소득 원천 및 소유 자산(연금, 이자수입)
- 사회보장수당 및 의료보험
- 투자(주권, 증권, 건물 등 자산)에서 얻는 소득
- 소유하는 증권 증명
- 보험(생명, 의료, 자산에 대한)
- 은행계좌(입출식, 저축, 신탁)
- 귀중품 보관소의 주소
- 최근의 납세증명서류 보관 장소
- 부채 상황(채권자 및 부채액)
- 저당물 및 담보액(지불방법 및 지불일자)
- 신용카드(번호) 및 지불은행(명)
- 재산세 납부증서
- 소유하는 보석 및 가정보물의 명칭 및 소재지

:: 유언을 작성할 준비

부모님의 유언은 부모님 본인이 생전에 작성해두는 개인적 문서이다. 그러나 혹 작성이 안 되어 있을 경우에는 이를 작성하도록 도와드릴 수 있다.

부모님과 유언에 관한 상의를 하고 가능하면 변호사를 선정해서 유언내용의 공증과 기타 법적으로 필요한 절차를 밟도록 한다.

부모님의 법적, 재정적 및 보험에 관한 일에 대해 직접 부모님과 이야기한다.

부모님과 유언에 관한 상의를 한다는 것은 어려운 일이다. 물론 부모님이 영원히 생존해 계시기를 바라면서 진행하는 작업이다. 부모님으로서도 자기들이 세상을 떠나면 소유하고 있는 재산, 현금 및 특별한 소유물을 그분들이 원하는 데로 자녀와 특정한 사람이나 단체에 분배되기를 소원하고 있다. 이러한 분배를 하는 데 가족원에게 폐가 되지 않기를 바라고 있을 것이다. 일단 부모와 유언에 대한 이야기가 진행되면 자녀는 솔직하게 자기들의 소견을 구진하는 것이 좋다.

유언은 법적 절차를 밟는 것이 현명한 일이다. 첫째로 변호사를 개입시키는 것이다. 아는 변호사가 없으면 신임할 수 있는 변호사를 찾는다. 그런데 변호사를 만나기 전에 다음과 같은 작업을 해두도록 한다.

- 유언을 할 사항들을 기록해둔다.
- 소유재산의 명세서를 작성한다. 즉, 소유하는 물건, 주권, 증권, 현금, 부동산 등을 기록한다.
- 유언집행자를 선정하는 것이 좋다. 가족에 따라서는 유언집행자가 할 일이 매우 복잡하고 힘이 든다. 그래서 보수를 주어야 한다. 적당한 유언집행자를 찾지 못하면 변호사가

집행하도록 할 수 있다.

- 흔히 증인들을 둔다. 증인은 유산을 받는 사람들이 아니다. 증인에 관해서는 변호사나 유언집행자와 상의하는 것이 좋다.
- 부모님 자신이 직접 친필로 유언을 작성하여 서명하고 인감을 날인한다.
- 일단 유언을 작성하면 안전한 보관소나 보관함에 넣어둔다. 변호사가 유언의 복사판을 한 통 가지고 부모님도 이를 한 통 가지면 된다. 가족원들의 대표가 유언장이 보관된 곳을 알고 있도록 한다.
- 부모님으로 하여금 수시로 유언 내용을 검토하도록 권유한다. 부모님의 생활에도 변동이 있을 수 있고 그분들의 재산을 남겨 줄 의사도 때가 지나면 달라질 수 있다. 손자녀가 출생하고 부모님이 소유하는 재산이 증식하고 지금까지 나타나지 않았던 재산이 드러날 경우도 있을 것이다. 그리고 부모님이 새로운 결단을 내려 재산의 일부를 사회복지와 장학을 위해 지역사회공동체나 학교에 기부하게 될 수도 있다. 따라서 부모님은 정기적으로 유언을 재검토해야 하며 자녀는 그렇게 하도록 조심스럽게 권유하는 것이 옳다.

부모님의 유언에 관해서 자녀가 왈가왈부하는 것은 어려운 일이다. 그러나 가족 전체의 복리를 위해서 그리고 무엇보다도 부모님의 참뜻이 이루어지도록 하기 위해서는 진언을 하는 것이 옳다. 부모님의 유언은 거의가 자기들이 일평생 사랑하고 보살피던 자녀를 위해서 무엇인가를 남겨 주려는 정성에서 이루어진 약속이기 때문에 그런 방향으로 되어가도록 자녀는 존경심과 애정으로 그분들을 도와드려야 한다.

유언에 관한 작업을 진행하는 과정에서 다른 사람의 도움이 필요한 부분이 나오면 이를 '돌봄 수첩'에 적어 둔다. 그리고 부모님과 변호사 및 유언집행자와의 대화에서 파악한 새로운 사항들을 기록하고 앞으로 이들과 상의할 준비자료를 마련해둔다. 가능하면 중요한 서류는 복사를 해둔다.

이러한 절차를 밟음으로써 부모님이 세상을 떠난 후 법정에서 취해야 할 복잡한 상속수속을 피할 수 있다. 요사이 흔히 볼 수 있는 가족원들 사이에 일어나는 상속문제를 둘러싼 갈등과 충돌은 대부분이 이런 절차를 부모님 생전에 취하지 않는 데서 생기는 것이다.

* 그 밖에 부모님에 관한 정보를 확보할 때 유의할 사항

부모를 방문하면 시간과 노력이 들겠지만 서류가 있는 곳을 찾고, 검토하고, 구분하고, 정리하는 작업이 필요하다. 부모의 서류함, 서고, 금고, 은행을 찾고 부모의 담당변호사와 유언집행인 사이에 오고간 서류를 찾아낸다.

부모는 그분들의 개인적 서류이기 때문에 자녀에게 보여주기를 꺼려할 경우가 있지만 그분들의 귀중한 서류를 정리하고 최근에 일어난 사실들을 기재하고 증명을 새로 발급받는 등의 절차가 필요하다는 뜻을 전하고 정리를 해 드리도록 한다.

대개의 서류는 (1) 법률, (2) 재정, (3) 보험의 세 가지 종류로 구분된다. 각 종류의 서류는 제목에 따라 분류할 수 있다(다음 자료에는 앞서 기술한 것과 일부 중복되는 것이 있다).

이들 세 가지 서류의 종류를 분류하면 대략 다음과 같다.

* 법적 서류
  · 호적등본
  · 군복무기록
  · 유언장
  · 유언집행위임장
  · 법적 협정서
  · 기타

* 재정관계 서류
  · 은행통장
  · 저축통장
  · 연금수급통장
  · 저축성 증권
  · 부동산 등기
  · 투자수익

- 부동산 담보
- 자동차 소유권
- 재산세
- 임대여 증서
- 병원치료비
- 전화료
- 신용카드
- 기타

* 보험관계 서류
- 주택 임대자/대여자
- 생명보험
- 의료보험
- 기타

위와 같은 서류를 확보해서 정리하고 나면 잊어버린 서류를 다시 작성하고, 재발급을 받아야 할 것은 다시 발급받고서 이들을 복사하여 여유분을 다른 안전한 곳에 보관한다.

:: 가족회의

다음에는 가족이 모여 각종 서류에 기재된 사항들에 대해서 정보를 나누고 의논해야 할 사항들에 대해 협의한다.

가족의 크기가 크든 작든 노령의 부모에 관한 사항에 대해서는 가족 전원이 참여해서 의논하는 것이 좋다. 가족 가운데 한 사람이 독단적인 결정을 내리면 부작용이 발생할 가능성이 많다. 그래서 가족회의를 열어 부모에 관한 정보를 알고 신중히 논의하는 것이 옳다. 멀리 떨어져 있어 가족회의에 참석 못하는 식구가 있을 때는 전화로 대담하는 방식으로 회의에 참여토록 할 수 있다. 가족 수가 많을 경우에는 가족회의에 참석 못하는 식구가 있다.

일단 가족회의를 열어 의논을 할 때에는 어느 한 사람의 독단적인 결정을 피할 수 있고, 가족들의 의견을 종합할 수 있으며, 다수의 가족들이 찬성하는 방향으로 부모의 안녕과 복지 그리고 가족 전체의 화합과 안녕을 위한 결정을 내릴 수 있다.

가족원들은 애정과 책임성으로 결속된 상호 의존적 돌봄 체계를 이루고는 있지만 가족의 공동목표를 지향하여 마음과 물질을 동원하는 데는 한 사람의 리더(지도자)의 지도 아래 위와 같이 사회 공학적으로 작업을 진행해야 할 필요가 있다.

가족의 크기가 작아져 노부모의 단 하나인 아들이나 딸이 위급한 일을 당해서 위와 같은 일련의 작업들을 수행해야 하는 경우가 흔히 있다. 이런 상황에 대비해서 미리부터 부모님을 위한 지원망을 구성해놓아야 한다.

새 시대에는 사회적 지원망이 고령자뿐만 아니라 모든 사람들을 위한 서로 돌봄의 필수적인 수단이 된다.

[돌봄을 위한 사회적 지원망에 대해서는 제12장에서 논의함]

제12장 돌봄을 위한 사회적 지원망

가족의 돌봄 능력이 약하거나 돌봐주는 가족이 없는 고령자와 가족원은 가족 바깥에서 제공하는 여러 가지 서비스를 필요로 한다.

한국인은 인간관계 지향적인 공동체 참여 성향을 간직하고 있다. 이런 문화적 가치에 힘입어 가족을 비롯하여 가족 바깥의 돌봄, 즉 친척, 친구, 이웃, 상조단체 등이 제공하는 돌봄을 필요할 때는 활용할 수 있어야 한다. 이런 여러 돌봄 제공자들이 합동하여 사회적 지원망을 형성해서 서로 돌봄을 주고받는 호혜적 관계를 발전시켜 나갈 수 있다.

사회적 지원망은 고령의 부모를 가진 가족원, 특히 자녀와 떨어져 사는 고령자를 돌보는 데 어려움을 겪는 가족의 돌봄 기능을 보완하고 돌보지 못함으로써 생기는 문제를 예방하는 방법으로 널리 활용될 수 있다(민기체·이정화, 2008; 김영범·박준식, 2004; Sung, 1991; Wenger, 2002; Biegel, Shore & Gordon, 1984).

이런 돌봄 기능을 가진 사회적 지원망을 서로 돌보는 호혜적 관계를 증진하는 귀중한 수단으로 활용해나가야 하겠다.

사회적 지원망은 어려움에 처해 있는 사람들의 정서적 안녕과 생활만족도를 높이고, 고독과 소외문제, 생활위기 등 문제를 극복하도록 도울 수 있고, 이웃과 지역사회가 제공하는 각종 서비스에 대한 지식과 정보(접근방법, 이용절차 등)를 제공하여 이를 활용하도록 도와줄 수 있다(이혜자·박경애, 2009; Ward, 1985; Wenger, 2002).

새 시대에는 가족의 변화 때문에 가족, 친척, 이웃, 친구, 상조 집단 등으로 이루어진 사회적 지원망을 활용하여 가족의 돌봄 기능을 보완해나가지 않을 수가 없게 되었다. 시대적 변화는 효를 행하는 데도 필요할 때는 이런 사회적 도구를 활용할 수 있도록 만들고 있다.

이 장에서는 우리 사회의 사회적 지원망이 어떠한 형태를 갖추었나 그리고 이 지원망이 고령자를 돕는 상황을 살펴보고 부모를 돌보는 자녀와 봉사자들이 지원망의 유용성(쓸모)에 대한 이해와 지식을 가지도록 촉구하려 한다.

:: 이론적 틀

고령자들이 필요로 하는 사회적 지원(또는 돌봄)은 정서적 지지, 충고, 안내, 정보제공, 물질적 원조, 필요할 때 친구가 되어주는 것, 어려움이 있을 때 돌보아주는 것, 전문적 서비스를 받도록 돕는 것 등 다양한 형태의 도움을 포함하고 있다. 일상생활에서 어려운 일에 부딪칠 때 이를 극복하고 평안한 삶을 영위하기 위해 이와 같은 사회적 지원을 필요로 한다. 이런 사회적 지원은 믿을 만하고 의존할 수 있는 지원망에 속해 들어 있어야 받을 수 있는 것이다.

지원망이란 사람들 사이에 연결되어 있는 서로 돌보는 인간관계의 망(網, network)이다(이혜자·박경애, 2009; 민기체·이정화, 2008; 이정화·한경혜·박공주·이한기, 2003; 성규탁, 1991; Wenger, 2002; Ohliner & Ohliner, 1995; Antonucci & Kahn, 1993; Sung, 1991; Allan, 1986; Ward, 1985).

고령자의 문제가 심각해지자 가족이 이분들을 위해 중요한 역할을 한다는 사실을 다시 주목하기 시작했다. 그러나 가족 이외에도 친척, 이웃, 친구 및 사설협회(교회, 종교단체, 상호부조협회, 자원봉사집단, NGO 등)도 또한 가족의 보호가 없을 때나 부족할 때 가족의 대리기능을 할 수 있다.

이러한 돌봄 기능을 하는 지원망의 종류와 구성부분은 다음과 같다.

- 가족지원망: (같은 가구 내의) 고령자부부, 아들 및 며느리, 미혼자녀
- 친척지원망: (다른 가구에 속하는) 형제자매, 사촌, 숙부모, 조카
- 이웃지원망: 이웃집 또는 같은 마을에 사는 사람
- 친구지원망: (이웃이 아닌) 가까운 친구, 믿을 수 있는 친구, 직장동료
- 협회지원망: 교회, 사원, 종교단체, 상조협회, 자원봉사집단

이 장에서는 사회적 지원(또는 돌봄)은 "고령자가 사회적 지원 망으로부터 필요할 때 받을 수 있다고 주관적으로 감지하는 돌봄"을 뜻한다.

사회적 지원을 하는 망(network)은 여러 가지 차원들로 이루어져 있다. Wenger(2002), Gallo(1984) 및 Ward(1985)는 사회적 지원 망은 복합적인 속성들(예: 구조적 속성과 기능적 속성)을 가진 것으로 보고, 지원망을 분석하는 데 다차원적인 분류를 위한 틀을 사용하였다. 본 조사에서는 이들이 제시한 틀에 기초해서 다음의 7가지 차원으로 지원망을 분석하였다(표 12-1 참조).

(1) 크기: 고령자가 접촉한 지원망 내의 사람 수
(2) 접촉빈도: 고령자와 지원망 성원 간의 접촉 횟수(1개월간)
(3) 거리: 고령자와 지원망 성원 간의 지리적 거리

(4) 지속기간: 지원망과 관계를 유지해온 기간

(5) 접촉방향: 누가 접촉을 시작하는가(일방적/교호적)

(6) 친밀도: 고령자가 느끼는 지원망 성원과의 관계의 친밀성

(7) 도움의 정도: 지원망으로부터 받았다고 판단하는 도움

〈표 12-1〉 사회적 지원망의 차원과 규정

차 원	규 정
크 기	노인이 접촉한 지원망내의 사람(들) 수
접촉빈도	노인과 지원망 성원간의 접촉 회수(1개월간)
거 리	노인과 지원망 성원간의 지리적 거리
기 간	지원망과 관계를 유지해온 기간
접촉방향	누가 접촉을 시작하는가(일방적/상호교호적)
친 밀 성	노인이 느끼는 지원망 성원과의 관계의 친밀성
도 움	노인이 지원망으로부터 받았다고 판단하는 도움

지원망의 종합적 기능은 다음 변수로 조사하였다.

사회적 지원을 받은 고령자는 이를 받지 못한 분들보다도 더 높은 안녕을 누린다. 안녕을 사회적 안녕, 심리적 안녕 및 신체적 안녕으로 나누었다. 다음은 이들 세 가지 안녕의 유형과 각각의 유형을 측정한 척도(괄호 안)들이다.

· 사회적 안녕(사회적 지원, 경제적 안녕, 주택 및 환경에 대한 만족에 관한 10개 항목)

· 심리적 안녕(생에 대한 만족, 걱정의 부재, 주관적인 정서적 건강에 관한 6개 항목)

- 신체적 안녕(건강, 의사방문, 입원, 고통/불쾌감의 부재; 장애
  -시각, 청각, 치아, 마비-의 부재에 관한 12개 항목)

위와 같은 유형의 안녕에 대한 조사와 함께 지원망과 고령자
의 사회 인구학적 특성과의 관계, 지원망을 형성하는 7가지 차원
들 간의 관계, 안녕의 하위 차원들 간의 관계를 각각 조사해보았
다. 그리고 지원망을 강화해주는 우리의 특정한 문화적 요인과
프로그램 활동에 대해서도 알아보았다.

:: 지원망조사

서울시내 거주 고령자들 505명을 다단계 집락표집방법으로 시
내 24개구에서 3개구, 각 구에서 10개동, 각 동에서 15가구를 각
각 무작위로 추출하였다. 이 방법으로 서울시내에 거주하는 65세
이상의 고령자를 모시는 모든 가구가 동일하게 선발될 확률을
가지도록 하였다(선정된 가구에 고령자가 없을 경우 옆집 가구
의 고령자를 면접했음). 정신적 및 신체적 장애가 있는 분은 조사
대상에서 제외하였다. 도합 30명의 훈련된 조사자들이 개인별로
매 가구당 한 분을 면접하였다. 개방식 설문도 포함된 설문지를
사용해서 면접했다. 설문에는 응답자의 사회 인구학적 특성에 관
한 항목들이 포함되었다. 정확한 응답을 얻기 위해 다음과 같은

점검을 위한 설문이 사용되었다.

"가장 중요한 일이나 어려운 일이 생겼을 때 찾아가셔서 의논
하시는 상대자가 누구인지 그분의 성명을 좀 알려주십시오."

이 질문을 하고 난 뒤에 지원망의 차원들을 측정하기 위해 다
음 사항들에 대한 질문을 했다.
- 일상적으로 도움을 얻기 위해 접촉한 사람의 수
- 지원망 성원들과 접촉한 빈도
- 지원망 성원이 살고 있는 곳과 응답자와의 거리
- 지원망과 관계를 유지해온 기간
- 접촉을 시작한 쪽(주로 한쪽에서 또는 양쪽에서)
- 지원망 성원과의 친밀성의 정도
- 지원망으로부터 받은 도움의 정도

안녕에 관한 자료는 위의 3가지 차원에 관한 설문에 대한 응답
에 기초한 것이다. 설문은 5단위 측도로 형성되었다(1=가장 바
람직 함 …… 5=가장 바람직하지 못함). (예: "연세가 비슷한 다른
고령자들과 비교하셔서 어른께서는 어느 정도로 건강하시다고
생각하십니까?" 다음 중 하나를 지적해주십시오: ___1) 매우 좋
다, ___2) 좋은 편이다, ___3) 그저 그렇다, ___4) 별로 좋지 못하
다, ___5) 매우 나쁘다; "어른께서는 가족지원망의 성원들과 어느

정도로 친밀한 관계를 가지고 계십니까?" 다음 중 하나를 지적해
주십시오: __1) 매우 친밀하다, ___2) 친밀한 편이다, ___3) 그저
그렇다, ___4) 별로 친밀치 못하다, ___5) 전혀 친밀치 않다)

지원망을 2종류 이상 가진 고령자의 경우, 각각의 지원망 차원
(크기 제외)에 걸쳐 단일 숫자를 얻기 위해 두 지원망들의 평균
을 내었다. 접촉방향에 관한 자료는 재코딩을 해서 조정했다.

지원망 차원에 관한 설문과 안녕에 관한 설문의 신뢰도계수
는 .77~.87(p<.001)이다.

종합적 안녕에 대한 평점은 3가지 안녕 유형들의 평균치로 정하
였다. 지원망에 대한 자료도 위와 같은 절차를 거쳐 계산하였다.

:: 주요결과

조사된 고령자들의 67%는 65세 이상이고; 60%가 여성이고;
50%가 초등학교만을 졸업했고; 46%가 홀로 되었고; 58%가 장남
(또는 다른 아들)과 살고; 11%는 배우자 하고만 살고; 50%가 4~6
크기 가구의 가족원이고; 80%는 직업이 없고; 58%는 자녀로부터
경제적 도움을 원했다.

1) 지원망의 특성

응답자들의 93%가 도움이 필요할 때 (자신의) 가족지원망을 찾는다고 했다. 이들 중 28%는 '가족-친척-이웃-친구-사설협회'의 복합적인 지원망들로부터 동시에 지원을 받았다. 22%는 가족지원망 한곳으로부터만 받았다. 그리고 44%는 가족지원망과 친척, 이웃, 친구 및 협회 가운데 하나 또는 두셋으로부터 도움을 받았다. 가족지원망을 갖지 않은 6%의 고령자들은 다른 지원망으로부터 받았다.

가족지원망의 평균 크기(직접 도움을 받은 가족원의 수)는 1.7인이고, 대개 성인 아들과 며느리이다. 응답자들의 대다수는 11년 이상 가족지원망과 친밀한 관계를 맺고 자주 접촉했고, 지원을 대체로 많이 받았다고 했다. 40%는 가족지원망과 일방적 관계를 맺고 있었다. 이는 지원망 성원이 노인을 찾아 원조하는 식의 관계이다. 그러나 17%는 자신들이 지원망을 찾아가서 지원을 받았다고 했다. 주목할 것은 이분들의 45%가 가족지원망 성원과 상호 교환적 관계를 가졌다는 사실인데, 이런 관계는 고령자와 지원망 성원이 필요에 따라 서로 찾아 오가는 의무적으로 돌봄을 주고받는 호혜적 관계이다. 자녀에게 제공한 도움은 아이 봐주기, 충고와 정보제공, 위로 등 정서적 지지, 재정지원 등이다. 그러나 이분들의 4분의 1은 가족지원망으로부터 원하는 만큼의 도움을 받지 못했다고 했다.

친척지원망은 크기가 작았다(평균 .9인). 전통적으로 대가족을 유지해온 한국인에게는 이 크기는 의외로 작은 것이다. 대도시에 사는 가족들이 이미 소형화되었음을 시사한다. 가족지원망의 경우와 비슷하게 3분의 1 정도의 응답자들이 친척지원망 성원이 먼저 접촉을 했다고 했다. 이는 고령자에 대한 친척들의 의무감 내지 책임성을 반영한다고 볼 수 있다. 그러나 이 지원망에서도 가족지원망의 경우와 같이 반에 가까운 44%가 교호적으로 접촉했다. 한편 친척지원망에서는 친구지원망과 이웃지원망에 비하여 접촉하는 빈도가 낮았고, 지리적 거리가 더 멀었고, 관계가 덜 친밀했고, 이로부터 받은 도움도 더 낮았다.

이웃지원망도 역시 작았다(평균 .9인). 그러나 응답자들은 친척지원망보다도 가까운 이웃에 있는 이웃지원망과 더 서로 돌봄 관계를 맺었고 접촉한 빈도도 더 높았다. 그 관계는 대체로 친밀했다. 65%는 이웃지원망이 '그런대로' 도움이 되었다고 했다.

친구지원망은 친척지원망이나 이웃지원망보다는 약간 크다(평균 1.2인). 응답자들의 약 50%는 친구지원망과 비교적 자주 접촉하였다. 이 지원망과 접촉해 나온 기간은 이웃지원망의 경우와 같이 비교적 짧았다. 그러나 인상 깊게도 친척지원망보다도 이 친구지원망과 더 친밀한 관계를 맺었고, 이 관계는 이웃지원망의 경우와 같이 서로 돌보는 것이었다. 대다수는 친구지원망이 '그런대로' 도움이 되었다고 했다.

이 자료는 이웃지원망과 친구지원망이 서로 돌봄 관계 속에

유지되며 대도시에 거주하는 분들을 위한 중요한 지원의 출처가 됨을 시사한다.

사설협회지원망에 속하는 분들은 극히 소수였다. 이의 평균 크기도 작았다(.1인). 이 지원망과 접촉을 많이 하지 않았으며, 접촉은 거의가 고령자들이 찾아가서 한 것이다. 일부는 이 지원망과 상당히 친밀한 관계를 가지며 비교적 장기간 어느 정도의 도움을 받았다. 이러한 자료는 다양한 자원을 제공할 수 있는 사설협회지원망에 고령자들이 더 참여해야 할 필요성이 있음을 시사한다.

2) 지원망들 간의 관계

고령자들이 지원망과 접촉하는 정도는 이분들과 지원망과의 거리와 상관관계가 있다(r=.65, p<.001). 고령자와 지원망과의 거리가 가까울수록 도움을 받기 위해 지원망을 더 자주 찾았음을 시사한다. 도움을 받은 정도는 접촉빈도를 포함한 세 가지 구조적 차원들과 약하기는 하지만 긍정적인 상관관계를 갖고 있다 [접촉의 빈도(r=.22, p<.001); (짧은) 거리(r=.27, p<.001); 친밀성(r=.21, p<.001)]. 이러한 관계는 이들 3개 항목들 간에 서로 강화하는 관계가 있음을 시사한다.

3) 사회 인구학적 특성과 지원망과의 관계

연령이 높은 고령자들(70세 또는 그 이상)은 연령이 낮은 분들 보다도 더 큰 지원망을 갖는 경향이 있다(X^2=36.65, df=24, p<.05). 자녀 또는 배우자와 함께 사는 분들은 홀로 사는 분들보다도 지원망과 더 친밀한 관계를 가지며 도움을 더 많이 받은 것으로 시사되었다(X^2=47.91~66.72, df=12, p<.001). 자녀와 동거하는 분들은 자신의 집이나 셋집에서 따로 사는 경우보다도 약간 도움을 더 받았다(평점: 2.3 대 2.6: 1=매우 많이 받음 …… 5=전혀 안받음). 교육과 종교는 지원망 차원과 유의한 상관관계가 없다.

4) 고령자들의 안녕

대다수의 고령자들은 남의 도움이 없이 신체적 기능을 하고 있다고 보았다(시설에 들어 있지 않고 자기 집에서 살고 있는 대체로 건강한 분들이다). 사회적 안녕과 관계가 있는 문제들은 비상금 부족(54%), 자녀 도움의 필요(58%) 및 주택에 대한 불만(21%)이다. 심리적 문제와 관련된 주요문제는 고독이다. 사회적 안녕은 심리적 안녕과 긍정적 상관관계를 가지며(r=.45, p<.001), 심리적 안녕은 신체적 안녕과도 긍정적 관계에 있다(r=.31, p<.001).

회귀분석결과를 보면 안녕에 대해서 지원망이 유의한 영향을 끼치지 못함이 시사되었다. 좀 더 세분해서 분석한 결과 '가족지원망의 친밀성'만이 안녕에 영향을 끼쳤음이 시사되었다.

:: 논의

고령자들의 지원망의 핵심은 여전히 '가족'이다. 그러나 이분들의 78%가 친척지원망, 친구지원망, 이웃지원망 또는 사설협회 지원망으로부터 도움을 받고 있다.

고도로 가족 중심적인 우리 사회에서도 이처럼 지원망들이 가정 바깥에서 고령자들에게 직접적 또는 간접적으로 돌봄을 제공하고 있다. 이 사실은 비친족(이웃, 친구, 사설협회) 지원망이 도시거주 노인들에게 중요함을 시사하고 있다.

지원망의 친밀성이 고령자들의 안녕에 영향을 미쳤음이 시사되었다. 그리고 친구지원망과 이웃지원망이 이분들의 복지프로그램에 대한 인식을 높이고 프로그램을 이용토록 하는 데 영향을 끼쳤음이 또한 시사되었다. 따라서 지원망이 이분들의 안녕과 대체로 긍정적인 상관관계를 갖고 있음이 외국의 경우와 비슷하게 입증된 셈이다(Wenger, 2002; Antonucci & Kahn, 1993).

먼저 '가족지원망'을 보면, 평균 크기가 작기는 하나 도움을 주는 밀도가 높다. 지원망의 크기에 따라 지원 정도가 달라진다고 보고된 바 있으나 본 연구에서는 이런 관계가 뚜렷이 나타나지 않았다. 이는 친밀하고 상호 의존적인 가족관계에서는 지원망의 크기가 별로 영향을 주지 못함을 시사한다. 사실 고령자가 질병에 걸리거나 심한 장애를 가지게 되면 대개의 경우 한 사람의 가족성원(흔히 여성)이 돌보는데 이 경우 가족지원망의 크기는 더욱 작아진다.

가족지원망의 경우와 비교하여 이웃, 친구 및 협회지원망들은 그 크기가 더 작으며 느슨하게 연계되어 있고, 이에 참여하는 사람 수도 적고, 지속기간이 짧고 받은 도움도 낮은 것으로 나타났다.

그럼에도 불구하고 비친족지원망들이 제공한 지원이 이들 도시고령자들에게 중요하다는 사실이 들어났다. 예로 이분들의 다수가 친척지원망보다도 이웃·친구지원망과 더 자주 접촉했고 더 많은 도움을 받았다.

접촉에서는 역시 가족·친적지원망 성원들이 먼저 시작하였는데 이는 고령자에 대한 친족의 의무감과 존경심을 반영하는 것으로 보인다.

고령자들은 이웃·친구지원망과 서로 돌봄 관계를 가졌는데 이러한 관계는 지속적이고 안정된 교환관계를 유지하는 데 적합하다고 볼 수 있다. 전통적으로 수직적 대인관계를 유지해온 고령자들에게는 상당히 괄목할 만한 생활태도라고 하겠다. 그런데 서로 돌봄 관계는 병약하여 교환적 역할을 할 수 없는 노인에게는 적용될 수가 없다.

예측한 바와 같이 가장 친밀한 관계를 유지한 지원망은 가족지원망과 친척지원망이다. 그러나 도움의 정도에 있어서는 역시 가족지원망이 다른 어떠한 지원망들보다도 더 높은 것으로 나타났다. 가족지원망에서는 친밀성이 하나의 중요한 변수이다. 친밀하다 함은 곧 사람을 사랑하고 그에게 관심을 가지며 신뢰를 함을 뜻한다. 그런데 친밀성이 안고 있는 문제는 (사랑이나 애정과 같이) 부모 부양을 하는 과정에서 커다란 어려움이나 심한 스트레스에 부딪치면 감소되거나 없어질 수 있는 감정적인 것인 데 있다. 그래서 친밀성은 부모에 대한 의무감이나 책임성보다는 '약한' 변수라고 볼 수 있다.

고령자들의 지원망은 가족지원망을 핵심으로 하는 2차적인 지원망들(친족, 이웃, 친구, 협회)로 둘러싸인 모양을 하고 있다.

지원망이 제공한 지원 또는 돌봄의 정도는 접촉의 빈도, 지원망의 근접성 및 친밀성의 정도에 따라 달라짐이 시사되었다. 이 조건들은 고령자와 가족원이 매우 가까이 또는 한집에 동거하는 경우에 성립될 수 있다. 따라서 다세대 동거형태의 지원망이 가장 도움이 될 수 있음을 짐작할 수 있다. 이러한 형태의 지원망은 약 40%의 한국인들이 아직도 지키고 있는 거주형태라고 할 수 있다. 이 형태는 전통적 부모 부양을 실천하는 데 유리한 조건이라 하겠다. 노부모와 자녀가 별거하는 서구의 상황과는 대조적인 주거형태이다. 그런데 미국노인들은 고령화됨에 따라 점차적으로 자녀가족과 합치는 경우가 흔히 있다. 자기가 낳아서 양육한 자녀와 떨어져 살다가 나이가 많아짐에 따라 이들을 찾아가 애정적 및 물질적 혜택을 서로 나누고 도움도 받으면서 임종을 하는, 즉 젊을 때 독립해서 살던 생활양태를 해체하는 것이다. 이 과정은 고령자가 취할 수 있는 자연적이고도 당연한 선택이라고 할 수 있다.

이러한 가족지원망의 특성을 볼 때 부모를 돌보는 데 필요한 애정, 책임감 및 지원능력은 가족이 아닌 친척, 이웃, 친구 또는 협회와 같은 지원망이 갖추기가 힘든 것이다. 다행히 고령자들의 대다수는 아직까지 가족지원망을 가지며 이 가족지원망은 여전히 기능을 하며 탄력성을 유지하고 있는 것으로 보인다.

앞으로 사회적 지원망을 서로 돌보는 호혜적 관계를 보완, 증진하는 사회적 수단으로 적극 활용해나가야 하겠다.

제13장 돌봄을 위한 사회복지서비스

　자체의 힘만으로는 고령의 부모를 돌볼 수 없는 가족들이 늘고 있다. 이들은 가족 바깥에서 제공하는 서비스를 필요로 하고 있다. 외부의 도움을 받아 부모 돌봄(효)을 하는 시대적 변화가 온 것이다.

　한국인은 일반적으로 가족의 문제는 가족 안에서 해소하려고 하는 성향이 있어 정부나 사회에 도움을 요청하는 것을 꺼려하는 경향이다.

　그러나 일단 도움이 필요할 때는 때에 맞게 필요한 돌봄을 받도록 해야 한다.

　신체적으로나 정신적으로 어려운 상태에 있는 고령자와 가족원이 필요로 하는 서비스를 입수하는 데는 시간과 노력이 필요하다. 다행히 정부지원을 받는 사회복지기관/시설과 비영리단체의 봉사활동이 많아졌다. 노인병원이 생기고 대다수 종합병원들에는 노인병과가 부설되어 노인병전문의사가 고령자들의 질환을 치료하고 있다. 노인복지시설들은 각종 사회복지 및 보건서비스를 지역사회에서 제공하고 있다.

그런데 병원에서 치료를 받은 후 퇴원할 때 앞으로 어떻게 돌보느냐는 문제를 두고 걱정하는 가족들이 많아졌다.

이런 문제에 대비해서 퇴원하기 전에 그 병원의 사회복지사를 찾아 퇴원에 대해 상의를 해서 퇴원 후에 해당 지역사회에서 입수할 수 있는 각종 도움과 서비스에 대한 정보를 얻고 이런 지원을 제공하는 기관들과 시설들로 의뢰를 받을 수 있다.

그러나 이런 도움을 받을 수 없는 경우에는 다음과 같은 사항들을 참조하여 대처해나가야 한다.

:: 확보해야 할 지원과 서비스

집안에서 요양하는 고령자들을 위한 돌봄에는 여러 가지가 있다.

퇴원 후 회복기에 있어 가끔 돌봄이 필요한 경우에는 특정한 기간 외부의 돌봄을 받아야 한다. 이런 가끔 필요한 돌봄은 대개의 경우 가족과 친척으로부터 받을 수 있다. 그러나 가족원이 적절히 돌보지 못하는 경우도 있다.

떨어져 살면서 도저히 돌볼 수가 없을 경우에는 부모가 사는 지역에서 서비스를 물색해야 한다. 해당 지역 내의 사회복지기관, 노인의 전화, 보건소, 동사무소, 종교단체, 자원봉사그룹 등을 통해서 도움을 구할 수 있다.

지역사회의 자원을 활용하기 위해서는 부모가 건강할 때부터 그 지역에서 얻을 수 있는 서비스와 도움의 종류, 제공자(주소, 전화번호, 이매일), 비용 등에 대한 정보를 수집하기 시작해야 한다.

고령자가 필요로 하는 서비스에는 비교적 가벼운 지원 이외에도 여러 가지 유형들이 있다. 예로 심장질환이나 지체장애를 가진 고령자들 가운데는 하루에 한 끼의 식사를 해주고 일주일에 한 번 빨래만 해주면 정상적으로 생활해나갈 수 있는 분들이 있다. 한편 상태가 악화되어 중증질환을 가져 장기적으로 집중적인 돌봄과 치료를 받아야 할 분들이 있다. 예로 심장마비 또는 뇌졸중을 앓았거나 심한 정신질환을 가진 분들은 24시간 돌봄을 받아야 한다. 이분들은 신체적으로 마비가 되지 않았다 해도 지속적인 보호와 전문적 간호가 필요하다. 이런 상황에서 흔히 노인요양원에 입원하는 대안을 생각하게 된다. 그러나 집중적인 돌봄이 필요한 분들도 자기 집이나 자녀 집에 거주하면서 간호를 받을 수 있다.

그런데 이러한 중환을 가진 분들을 돌본다는 것은 쉴 사이 없이 계속되는 일이기 때문에 정신적으로나 육체적으로 매우 힘이 드는 일이다. 보호자는 자기 자신을 위해 때를 가려 휴식과 안정을 취할 필요가 있다. 이럴 때 친척이나 가까운 친구 또는 자원봉사자가 일정 시간 동안 대신 환자를 돌보아주도록 부탁할 수 있다. 그리고 가정방문 간호사가 무료 또는 유료로 환자를 간호하도록 할 수 있다.

중증환자인 노부모를 보살피는 일은 매우 힘이 들기 때문에 역시 가족원들(친척 포함)이 사전에 회의를 해서 어느 가족원이 어떠한 돌봄을 어느 정도로 분담하고 어떤 책임을 어느 기간 맡을 수 있는가 그리고 노부모를 간호하는 일이 자신들의 가족에게 어떠한 불이익을 가져다 줄 수 있는가에 대한 상의가 있어야 한다.

이렇게 함으로써 가족원들의 어려움을 상호 이해해서 불이익을 최소화하고 돌봄을 위한 협동과 화합을 이룩할 수 있다.

그런데 가족이 정성스럽게 돌보겠지만 간호의 질이나 결과를 본다면 전문인들이 하는 것이 더 나을 수 있다. 전문적 훈련을 받은 캐어 제공자가 이 일을 맡음으로 더 나은 결과를 낼 수 있는 것이다.

이러한 가족 외부의 도움을 얻기 위해서는 지역사회 주변을 돌아보아야 한다. 요즘에는 대개의 지역사회에는 노인환자를 위한 서비스를 제공하는 전문인들이 있다. 사회복지서비스를 제공하는 전문인들을 비롯해서 의료계의 신경정신과, 통증진료, 치과의사, 응급치료를 하는 전문의들이 있으며 단기 또는 장기 치료를 하는 개인병원과 종합병원이 있다. 그리고 노인병원, 노인요양원, 치매요양원, 노인복지관, 사회복지관, 사회사업기관을 비롯해서 거택서비스와 시설 중심 서비스를 제공하는 민간단체들이 있다. 문제는 이러한 제공자들이 도시에 집중되어 있어 시골에 사는 분들에게는 접근하기가 힘든 경우가 많다. 그리고 기관에 따라서는 서비스를 신청해오는 케이스들이 많아 기다리는 시간이 길다.

어느 서비스가 부모에게 적당한가 또 적절한 서비스를 어떻게 신청하느냐에 대해 잘 모르는 수가 있다.

대개의 경우 사회복지사가 그 지역의 사회복지(노인복지를 포함한)와 연관된 종합적인 사정을 알고 있다. 사회복지사들은 직접적인 도움도 줄 수 있을 뿐만 아니라 노인이 필요로 하는 서비스를 제공하는 전문인, 기관 또는 시설로 연결해주는 의뢰서비스도 한다. 적어도 한 사람의 지역 내의 사회복지사가 부모에 대한 사정을 잘 알고 계속해서 관심을 가지게 된다면 크게 도움이 될 수 있다.

노인을 위한 서비스도 다른 모든 서비스와 같이 지속적으로 끊임없이 제공해나가야 한다. 중증을 가진 노부모를 돌보는 일은 대개의 경우 떨어져 사는 자녀 혼자만으로는 하기가 어렵기 때문에 위와 같이 외부의 도움을 구하는 작업을 부모의 상태가 악화되기 전부터 해 나아가야 한다.

다음에 질환을 가진 분들이 받을 수 있는 서비스의 몇 가지 예를 들어 보고자 한다.

먼저 거택 서비스, 즉 노인이 집안에 있으면서 받을 수 있는 비의료적 서비스로 식사배달, 가사보조, 전화를 통한 안전감독, 외출 시 동반, 교통편 제공, 방문해서 말상대가 되어 주기, 보호자를 위한 휴식시간 제공, 전화상담 등이 있다.

다음 가정 바깥에서 받을 수 있는 비의료적 서비스에는 노인복지관에서 제공하는 다목적 서비스들, 공동급식, 교통편 제공, 허약한 노인을 위한 일시 위탁서비스, 보호자 지원서비스, 유언과 상속 등에 관한 법률상담, 레크리에이션, 각종 자원봉사 그리고 만성질환을 가진 노인을 위한 노인홈, 노인요양원, 치매요양원 등이 있다.

:: 고령자를 위한 시설

자녀와 떨어져 사는 병약한 분들을 단기적으로나 장기적으로 보호시설 또는 요양시설에 입원시키는 대안을 택하는 경우가 흔히 생긴다.

1) 노인홈, 노인요양원 또는 치매환자요양원에 입원하는 분들은 대개가 정신적으로나 신체적으로 어떠한 질환과 장애를 가진 분들로서 직장에 다니는 자녀가 아침부터 저녁까지 이분들과 함께 있으면서 보살피기가 매우 어렵다. 따라서 상태에 따라 전문

적인 돌봄을 24시간 받을 수 있는 시설이나 홈을 골라서 입원하
도록 하는 것이 가족에 따라서는 합당한 대안이 될 수 있다.

2) 노인시설은 여러 가지 종류가 있으며 그 형태와 설립자(공
설 또는 사설), 크기, 시설의 안전도, 시설의 환경(지역사회), 서비
스의 유형과 범위 및 전문성 정도, 비용부담의 유무 등에서 다르
다. 입원해 있는 노인들의 개인적인 특성도 다르고 신체적 장애
와 질환도 다르다. 이러한 다양한 조건들에 알맞은 시설과 홈을
선택하는 데는 노력과 시간이 필요하다. 장애가 심하거나 24시간
의 감시를 받아야 할 분에게 지속적으로 재활, 약물투여, 식이요
법, 방사선 치료를 하는 의사가 정규적으로 왕진을 해서 진단과
치료를 해주며 사회복지사의 상담도 받을 수 있는 시설을 선택
하도록 한다. 이런 시설을 선정할 때는 다음과 같은 사항을 참고
할 필요가 있다.

- 시설의 분위기가 안락하고 가정적인가, 내부와 외부가 말쑥
  하게 꾸며져 있는가, 실내공기가 잘 환기되는가?
- 시설은 정부의 인가를 받았는가?
- 면허증을 가진 간호사가 24시간 간호하는가?
- 의사의 감독하에 서비스가 전달되며 필요시에 의사의 왕진
  을 받을 수 있는가?
- 약은 면허된 약사가 조제하는가?

- 식사를 노인의 개인적 상태에 맞게 마련해주는가?
- 재활서비스를 제공해주는가?
- 오락, 레크리에이션 및 사교활동을 할 수 있는가?
- 시설이 안전하게 설치되어 있는가?
- 시설관리인과 요원들은 경험이 있고 자격이 있는가?
- 요원들은 친절하고 실제적인 도움을 주는가?
- 시설이 편리한 곳에 위치해 있는가?
- 의사, 사회복지사, 간호사 등이 추천하는 시설인가?

시설을 선정할 때는 그 지방의 노인협회, 노인회, 노인복지관, 노인의 전화, 병원의 노인병과와 사회사업실, 보건소, 사회복지관을 비롯한 노인의 복리를 위해 봉사하는 단체들에게 문의해서 그 시설이나 홈에 대한 전문적 의견을 들어보는 것이 좋다.

:: 부모의 지원망 정비

위와 같은 서비스를 제공하는 각각의 제공자들에 관한 다음과 같은 사항에 대해서도 미리부터 정보를 확보해두어야 한다.

우선 부모에게 도움을 줄 수 있는 사람들(사회적 지원망을 구성하는 사람들, 단체, 집단)에 관한 정보를 파악해나간다.

대개의 경우 고령자들 주변에는 때때로 도와주고 방문해주고

심부름하고 우정을 나누어 줄 수 있는 분들이 있다. 다음과 같은
분들을 들 수 있다.

- 현재 부모를 도와주고 있는 분
- 가까이 사는 집안사람
- 부모와 자신의 오랜 친구와 친척
- 가까운 동창생
- 친척이 속하는 사회단체나 클럽의 회원
- 가까운 이웃
- 사회복지관의 요원
- 자원봉사자
- 동사무소의 사회복지사
- 교회의 목사, 신부 및 신자
- 종교단체의 회원
- 의사, 간호사, 병원사회복지사
- 부모의 담당 변호사
- 부모가 거래하는 은행의 담당원
- 부모가 거래하는 보험회사의 담당원
- 기타 도움이 될 수 있는 분들

이런 분들이 부모의 지원망을 구성하는 사람들이다. 보호자인
자녀로서 부모의 지원망을 이루는 위와 같은 분들의 주소, 전화

번호, e-mail 주소를 알아두고 이들이 어느 정도로 부모를 도와줄 의사가 있으며 어떠한 도움을 줄 수가 있는가를 파악해둔다.

이렇게 해 놓음으로 앞으로 필요할 때 이분들에게 어떠한 도움을 요청할 수 있는가를 알 수 있다. 이분들에게 편지나 통신을 해서 정중히 인사를 하고 머지않아 방문하여 뵙겠다는 뜻을 전한다.

이분들에 대한 다음 사항도 알아두는 것이 좋다.

- 현재 어떤 내용의 도움을 제공해주고 있는가?
- 부모를 수시로 방문해서 도와드리도록 부탁을 할 수 있는가?
- 부모의 생활상황을 수시로 점검해서 나에게 알려줄 수 있는 분인가?
- 부모와 식사나 외출을 같이 하도록 부탁할 수 있는가?
- 부모가 믿을 수 있는 분으로서 부모의 금전출납을 돕고 각종 요금청구서를 나에게 보내줄 수 있는가?

위와 같은 사항들에 걸쳐 도움을 줄 수 있는 분들에게 자신의 전화번호와 집 주소 그리고 e-mail 주소를 알려주고 필요할 때 언제나 수신인 지불방법으로 전화를 해달라고 부탁한다. 그리고 부모의 용태에 관해서 수시로 전화 또는 e-mail로 연락해 달라고 부탁한다. 아울러 곧 찾아 인사를 하겠고 도와주어 감사하다는 말을 전하는 것이 옳다.

그런데 떨어져 사는 부모가 지원망을 안 가지는 경우가 있다. 아는 분들이 세상을 떠났거나 다른 지역으로 이사를 간 경우이다. 이런 때에는 부득이 그 지역의 사회복지관, 노인복지관, 자원봉사단체 또는 동사무소 사회복지사의 지원을 요청할 수밖에 없다. 그리고는 유료 또는 무료로 지원해주는 사람을 찾아야 한다. 지역의 공공 및 자원봉사단체의 지원을 받는 데 대해서는 앞에서 논한 바 있다.

부모의 의료를 맡고 있는 의료기관의 요원들에 대해서 다음 사항을 알아둔다.

- 의사, 간호사, 물리치료사, 사회복지사 및 병원접수담당의 이름, 전화번호, 주소, 이메일
- 복용하는 약을 조제하는 약방의 주소와 전화번호
- 사용하는 각종 보조기구(휠체어, 보청기, 재활용구 등)의 명칭, 제작자, 수리하는 곳의 주소, 전화번호, 이메일
- 지역 내 보건, 의료, 사회복지 기관들(제공하는 서비스의 종류와 신청방법, 대기기간, 수수료 등)

:: 노인봉사단체

고령자들의 복리를 위해 봉사하는 집단들과 단체들 가운데는 정부가 지원하는 것도 있지만 민간이 운영하는 비영리단체들도 있다. 이들이 고령자와 가족에게 제공하는 서비스의 종류가 다양해지고 있다. 그런데 지역에 따라 어떤 종류의 서비스는 입수할 수가 없는 경우가 있다. 이 때문에 이들 집단과 단체가 제공하는 서비스에 대해서 사전에 알아두어야 한다.

먼저 이들의 전화번호, 주소, e-mail을 알아두고 가능하면 오전 일찍 전화를 해서 정보를 얻는다.

[지원 단체와 서비스]

· 지역사회에서 서비스를 제공하는 곳: 노인복지관, 노인위탁소, 노인정, 공동식사제공처, 자원봉사집단 등
· 거택서비스를 제공하는 곳: 가사를 돌보아주는 서비스, 거택보건서비스, 노인의 전화, 가정방문 서비스, 동사무소 사회복지담당, 노인지원센터(정보센터) 등

위의 서비스들은 지금 당장에 필요하지 않더라도 앞으로 필요할 수가 있다. 될 수 있으면 이들 공익단체들과 집단들의 설립취지와 활동에 찬성해서 이들의 행사에 참가하여 협조와 지원을

하는 것이 좋다.

　가족의 힘만으로는 고령의 부모를 돌보기가 힘든 경우가 많아 가족 밖의 지원을 필요로 하게 된다. 부모를 돌보는 방법이 시대의 변화에 따라 달라지고 있다. 효행을 하는 방법이 수정되고 있는 것이다.

孝♥仁

제3부

이념: 이어지는 전통

제3부에서는 부모 돌봄에 커다란 영향을 끼친 유교경전에 담겨 있는 효와 관련된 가르침, 부모를 돌보는 근본이유(효행이유), 상호 의존하는 한국인의 가족 중심적 성향, 그리고 끈질긴 서로 돌봄의 관행을 재조명한다. 이어 효행의 핵심이 되는 부모 존경의 의의와 전통적 및 현대적 표현을 분석적으로 논구한다.

　부모에 대한 존경, 부모 은혜에 대한 보답, 부모에 대한 책임 수행, 부모를 중심으로 하는 가족의 화합－효의 주요내용-은 곧 서로 돌봄을 북돋우는 힘이 되고 있음을 지적하고 서로 돌봄을 표상하는 효는 문화적 가치로 세대 간 및 사회관계에서 취하는 태도와 행동에 끈질기게 영향을 끼치고 있음을 논구한다.

제14장 부모 돌봄의 전통적 뜻과 실천

이 장에서는 서로 돌봄의 전통적 가치인 효의 원래 의미에 대해서 유교경전을 중심으로 섭렵해보고자 한다.

이 경전에 담긴 효에 관한 가르침은 여러 세대에 걸쳐 우리의 가족체계와 일상생활의 사소한 부문에 이르기까지 영향을 끼쳐왔으며 우리의 도의심의 기틀을 이루었다.

그리하여 효는 가족을 중심으로 하는 부모-자녀 돌봄의 가치로 한국인의 의식과 예의범절에 뚜렷이 반영되어 있다. 효는 나아가 이웃과 사회를 위한 서로 돌봄으로 확대된다. 효의 이념적 및 행동적 기틀을 이룩하는 인(仁)의 가치는 전통사회의 생활문화 전반에 걸쳐 커다란 영향을 끼쳐왔다(이상은, 1984; 송복, 1999). 이 가치가 우리의 사람을 사랑하고 돌보는 사상과 행동문화를 조성하는 데 미친 영양은 매우 크다.

이러한 문화적 전통은 끈질기게 이어지고 있다. 돌보는 방법은 시대의 변화에 따라 수정되고 있지만 세대 간의 서로 돌봄 관계의 기본원리는 예나 지금이나 다른 바가 없다.

여러 세대에 걸쳐 동아시아의 한국, 중국 및 일본 사람들의 생활윤리와 행동양식을 가르쳐온 다음의 경전(經典)에는 부모와 어른 그리고 모든 사람들을 대하고, 섬기며, 돌보는 데 관한 다양한 교훈이 담겨 있다.

부모, 조상 및 어른과의 관계, 그리고 모든 대인관계에서 마땅히 지켜야 하는 올바른 행동, 즉 예(禮)에 관한 가르침을 수록한 예기(禮記); 교육, 도덕, 인격양성에 관한 논의를 수록한 논어(論語); 공자의 수제자인 맹자의 공자의 가르침에 관한 논의를 수록한 맹자(孟子); 효의 실천에 관한 지침을 수록한 효경(孝經); 인격도야, 가족관리, 국가질서를 통해 도덕성을 이룩하는 데 관한 중용(中庸)에는 부모와 어른을 섬기고 돌보는데 관한 여러 가지 원칙과 실례가 수록되어 있다.

이들 경전에 담겨 있는 부모와 어른(윗사람, 선생, 고령자)을 섬기는 데 관한 문장들을 가려내어 정리해보았다. 저자를 포함한 동양문화에 대한 조회가 있는 3인의 연구자들이 위의 경전들에서 부모－윗사람 돌봄과 관련된 내용을 발췌하여 주제별로 가려내어 아래와 같이 분류하였다[이 주제들의 일부는 제1부에서 서로 돌봄을 논의하는 데서 단편적으로 다루어졌다].

:: 존경

공자는 "존경으로 사람을 대한다면 예를 행하는 데 무슨 어려움이 있겠는가?"라고 하여 대인관계에서 서로를 존중하는 또는 섬기는 것이 가장 중요함을 지적하였다(논어, 4, 13).

어떤 방법으로 부모에게 효도하면 좋겠느냐고 질문하자 공자는 다음과 같이 답하였다.

"부모에게 먹을 것만 주면 되는 것으로 알고 있다. 하지만 개와 말에게도 먹을 것을 주지 않는가. 부모를 존경으로 대접하지 않는다면 사람과 짐승 사이에 차이가 무엇인가"(논어, 2, 7).

위의 답에 나타났듯이 공자는 부모에 대한 외면적(물질적) 돌봄과 함께 마음속에서 울어나는 내면적 돌봄(온정, 존경심)으로 섬기는 것이 중요함을 가르치는 말이다.

존경의 대상에는 선생도 들어 있다(맹자, 4권 2 공손추장구하). 경전 여러 곳에 선생에 대한 존경과 예에 관한 가르침이 수록되어 있다.

:: 돌봄

공자는 돌봄을 제공하는 내면적 및 외면적 방법에 대해 예기 (상 1; 하 12)에서 다음과 같이 설명하였다.

"부모의 의사에 어긋나는 언행을 해서는 아니 되며, 이분들이 즐거운 것을 보고 듣도록 해야 하고, 이분들에게 편한 잠자리를 제공해야 한다. 아침에 잠자리에서 일어나면 곧 부모가 거처하는 방에 가서 문안을 드리고 공손한 말로 그분들의 의복이 따뜻한 가 아프거나 불편하신 데는 없는가 알아보고, 있다고 하면 이를 해소해드려야 한다. 그리고 그분들이 원하는 음식을 대접해야 하 며 그 음식은 맛있고 신선하고 연하고 향기로운 것이라야 한다."
그는 또한 부모의 얼굴, 머리, 몸을 씻도록 도와야 한다고 했다 (예기, 하 12).

위와 같이 공자는 부모를 정서적(외면적) 돌봄과 함께 행동(외 면적)으로 돌볼 것을 교시하였다. 즉, 부모의 마음과 몸을 함께 돌보아야 한다는 가르침이다. 돌봄의 내면적 차원과 외면적 차원 이 통합되어야 하는 것이다.

:: 몸가짐

돌봄을 실행하는 데는 몸가짐(외면적인 표현)도 중요하다. 이 점에 관해 공자는 다음과 같이 말했다.

"부모가 부르면 공손히 '예' 하고 인사를 해야 하며 부모의 방을 드나들 때는 성실하고 존경하는 자세를 갖추어야 한다"(예기, 하 12).
"……용모를 갖춤에 있어 사납고 교만함을 멀리하고 안색을 바르게 하여 신실하게 하고……"(논어, 태백 4).

외모를 갖춤은 동아시아 문화에서 지켜지는 예의 주요한 방식이다.

:: 존댓말

"부모와 대화를 할 때는 언제나 예의에 어긋나지 않도록 부드러운 음조로 조심스럽게 말해야 한다"(효경, 4).

또한 논어(태백, 4)에는 다음과 같은 말이 있다.

"······언어를 야비하거나 도리에 어긋나게 사용하지 말아야 한다."

언어예절에 관한 가르침이다.

:: 순종

공자는 부모의 충고와 지시에 순종해야 함을 지적했다(예기, 하 12).

:: 윗자리 제공

"자녀는 부모와 연장자에게 존경의 표시로 윗자리를 제공해야 하며 부모가 원하는 데 따라 부모가 앉을 자리의 방향을 잡아 드려야 한다"(예기, 상 1; 하 12).

섬김을 나타내는 의식적인 행동양식이다.

:: 먼저 대접

부모와 고령자에게 먼저 대접을 하고 이분들을 먼저 모셔야 하는 데 대해서 공자는 다음과 같이 말했다(예기, 상 1).

"무릇 손님과 함께 방으로 들어가는 자는 문마다 손님에게 양보해야 하며 먼저 들어가서는 안 된다."

다른 경전에서도 같은 뜻의 말을 했다(논어, 2, 위정, 8; 10, 향당, 9).

:: 의논 및 상담

부모와 어른의 의견을 듣고, 걱정되는 것을 묻고, 충고를 청해 받고, 남의 말을 잘 살피어 일을 처리해야 한다고 충언을 했다(예기, 내칙 12; 논어, 16편 10; 12편 9; 12편 20, 23).

:: 선물

선물을 제공하는 것도 어른을 대접하는 방법이다.

예기(하 12)에는 며느리는 친정부모한데서 음식, 의복, 포백, 패세, 채란을 받으면 이를 시부모에게 바칠 것이며 이를 받은 시부모는 매우 기뻐한다고 했다.

위의 인용문들은 부모와 어른에게 서비스를 제공하고, 음식을 대접하고, 인사를 하고, 윗자리를 권하고, 선물을 하고, 공손한 자세를 갖추고, 우선적으로 대접하고, 존댓말을 하고, 순종을 해서 예를 갖추어서 하는 내면적 및 외면적 돌봄을 포괄한 것이다.

:: 생일축하

공자는 부모의 탄생일을 기억하고 축하해야 한다고 다음과 같이 말했다.

"자녀는 부모의 연령을 기억해야 한다. 부모의 생일을 축하하는 뜻도 있지만 그분들이 한 살 더 늙기 때문에 이를 걱정하는 뜻도 있다(논어, 4, 21)."

:: 상장례를 올림

자녀에게 가장 애통한 것은 부모가 세상을 떠날 때 약이나 미음을 드리면서 임종을 못하는 것이다.

맹자(공자의 수제자)는 "부모가 살아 계시는 동안에 대접하는 것만으로는 자녀의 도리를 다했다고 할 수 없다. 이 세상을 떠나신 부모를 위해 장례의식을 경건히 올림으로 그 도리를 다하는 것이다"라고 했다(맹자, 5, 2: 8).

공자는 부모의 유체를 매장하는 데 있어 외관(外棺)과 내관(內棺)을 사용하는 데까지 가르쳐주었다(맹자, 2, 2: 7). 질이 좋은 관을 고르는 것은 돌아가신 부모에 대한 자녀의 존경과 애정을 표하는 것이다.

그러나 그는 "서거한 부모에 대한 조의를 표하는 데는 형식적 의례보다는 마음속으로 슬퍼하는 것이 더 중요하다"고 했다(논어, 3, 4).

생존하는 부모를 대하듯 서거한 부모에 대해서도 외면적 행동과 함께 내면적으로 마음속에서 울어나는 존경을 해야 한다(중용, 19).

:: 조상숭배

공자는 "조상에 대한 제사를 경건하게 모셔야 한다"고 했다(논어, 3, 12).

전통적으로 조상에 대한 예는 후손이 행하는 매우 중요한 의무로 되어 왔다.

:: 이웃 고령자 존경

공자는 어른 존경의 실천범위를 확대하여 가족이 아닌 이웃과 사회의 고령자들까지도 존경해야 한다고 했다. 그는 "가족 내의 어른을 존경하듯 다른 가족의 어른도 존경해야 한다"라고 했다 (효경, 2).

같은 뜻으로 "가정 내에서 자녀는 부모를 섬기고, 가정 바깥에서는 다른 고령자들을 존경해야 하며 이분들을 대할 때 말과 행동을 조심해야 한다"라고 했다(논어, 1, 6).

이 구절은 이웃과 사회의 모든 고령자들을 존중해야 함을 지적한 것이다. 따라서 어른 존경의 예는 가족의 한계를 넘어 이웃과 사회로 연장, 확대된다.

이상의 글에는 부모의 탄생일을 축하하고, 돌아가신 후 장례를 엄숙히 거행하고, 조상을 경배하고, 가족이 아닌 다른 노인들을 존경해야 한다는 예에 대한 가르침이 포함되어 있다. 동아시아 문화의 특성인 의례적이고 상징적인 돌봄의 표현방식들이 포함되어 있다.

:: 측은지심: 인(仁)의 표현

위에 기술한 내면적 및 외면적 의무의 수행은 인(仁)의 실현을 뜻한다. 사람의 본성은 원래 착하다고 본 맹자는 사람마다 측은지심이 있다고 했다(맹자, 공손주 상 5; 고자장구상 6). 인은 남을 자발적으로 사랑하며 이롭게 하는 측은지심(惻隱之心)의 발로이다. 이 심정은 남에게 복이 있음을 기뻐하고 남이 화를 입음을 싫어하여 남이 어려움에 처하면 이를 자발적으로 돌보려는 의지이다. 이런 심정은 마음에서 절로 흘러나와 그만둘 수 없는 측은한 것이며 결코 그 보답을 구하는 것이 아니다(맹자, 공손추 5; 한비자, 해로; 김낙진, 2004; 142).

자녀의 부모 돌봄과 부모의 자녀 돌봄, 그리고 모든 사람들을 위한 돌봄은 이러한 측은지심에서 나와야 하는 것이다(동금유, 2010).

인을 넓은 사랑으로 가족 내의 어른과 친족을 공경하듯(親親) 다른 가족에 속하는 사람들도 존경(仁民)하는 것이다(효경, 2). 따라서 측은지심도 가족에서 사회로 확대되는 것으로 보아야 한다.

한편 부모는 측은지심으로 자녀에게 온갖 유형의 돌봄을 제공하며 부모의 의무를 수행한다.

맹자는 부모가 베푸는 은혜에 대해서 다음과 같이 말했다.

"이 세상의 모든 것 가운데서 부모가 자녀에게 베푸는 봉사만큼 큰 것을 없다"(논어, 학이면).

이 말은 위에서 열거한 다양한 자녀가 할 도리와 병행해서 부모와 자녀가 교호적 관계를 유지함을 시사하는 것이다.

위에서 인용한 글들은 한국인을 포함한 동아시아 사람들이 여러 세대에 걸쳐 지켜온 자녀, 부모, 그리고 사회인으로서 당연히 지켜야 할 도리에 대한 가르침이다.

이런 가르침을 따라 사람이 당연히 지켜야 할 의무로서 부모를 섬기고 돌보는 것을 효라고 하는 것이다.

제15장 부모를 돌보는 이유: 전통적 가치

부모를 돌보는 이유는 무엇인가? 그리고 부모를 돌보기 위해서 어떤 케어와 서비스를 제공하고 있는가?

이러한 구체적 과제에 대한 답을 찾으려고 부모를 모범적으로 부양하여 효행상을 받은 사람들에 대한 기록문을 분석해보았다. 효행상 수상자의 자료는 우리 사회에서 모범적이라고 보는 효의 상(像)을 제시한다고 볼 수 있다.

이 제도는 정부와 인간단체가 전통적 효-부모 돌봄-의 가치와 실천행동을 우리 사회에 전파한다는 기본취지에 따라 설정한 것이다. 따라서 이 제도가 산출하는 모범적인 효행자들은 이런 전통적 가치를 실현한 사람들로서 인증되고 있다(성규탁, 1995; 2005; 한국노인문제연구소, 1985).

위와 같은 기본취지에 따라 운영되는 보건복지가족부의 효행상과 삼성복지재단의 효행상을 받은 923명이 이 장에서 소개하는 조사의 대상자가 되었다.

이들 효행자들에 관한 이야기를 담은 정부의 효행상 수상자에 관한 효행실록(孝行實錄)과 민간의 삼성 효행상 수상자에 대한 기록을 20명의 조사자들이 내용분석을 한 결과 다음 11가지의 효행을 한 이유가 발견되었다(성규탁, 2005).

:: 부모를 돌보는 이유

부모를 돌보는 이유는 효의 실천으로 이끄는 동기, 즉 효를 하고자 하는 충동과 의지를 말한다.

돌봄 이유는 다음의 11가지로 나누어졌다.

:: 돌봄 이유와 세부항목

* 부모에게

(1) 존경함
경의를 표하며 공손하게 대함, 보살피고 지원함, 명예를 받들

어 드림

(2) 책임을 짐

부친 사후에 어머니를 잘 모심, 배우자 사후 시부모를 잘 모심, 부모 부양을 위해 결혼을 늦추거나 사회활동을 줄임

(3) 희생적으로 보살핌

자신의 안락을 돌보지 않고 부모를 보살핌, 부모의 의료비를 내거나 부모 대신 가족을 부양함, 부모 병간을 하면서 의존적인 가족원을 보살핌

(4) 동정함

잘 섬기지 못함을 뉘우침, 허약하거나 장애를 가진 부모를 가엾게 여김, 부모가 늙어감을 딱하게 여김

(5) 가족원들을 화합시킴

부모를 중심으로 화합된 가족을 이룸, 부모와 가족원들 간의 대화와 교환을 촉진함, 형제와 친족을 지원함

(6) 못 다한 일을 돌봄으로 보상함

친정부모를 모시지 못함을 보상하려 시부모를 잘 모심, 다른 가족에게 해 주지 못함을 보상하려 부모를 잘 섬김

(7) 은혜를 갚음

부모의 소원을 성취함, 물질적 및 비물질적 방법으로 즐겁고
만족하도록 해 드림

(8) 종교적인 믿음으로 돌봄

유교의 가르침을 따름, 불교의 가르침을 따름, 기독교의 가르
침을 따름

(9) 지역사회의 화합을 도모함

이웃 노인에게 서비스를 제공함, 이웃 청소년이 노인과 조화된
관계를 이루도록 지도함, 환경을 보존하고 안전을 증진함

(10) 가족의 체면을 유지함

부모와 가족을 욕되게 하지 않음, 부모의 생신과 가족행사에서
이웃을 대접함, 조상의 사당과 묘를 유지함

(11) 가족의 영속을 도모함

분산된 가족을 다시 모이게 함, 가족의 영속을 도모하고 조상
을 숭배함, 가족의 명예와 사회적 지위를 높임

위의 돌봄 이유들은 효행자들에 관한 이야기 내용을 해석, 요
약해서 알아낸 것이다.

다음에 효행자들에게 설문을 보내 얻은 자료를 분석해보았다.

이 자료를 바탕으로 작성한 <표 15-1>에는 11가지 돌봄 이유의 두 가지 등위들(하나는 돌봄 이유를 지적한 '빈도'에 기초한 등위이고 다른 하나는 돌봄 이유의 '중요성'을 평가한 점수에 의한 등위)을 대조해본 것이다.

종합등위에서 '존경'이 제일 높다(빈도 1위, 평점 1위). 다음으로 책임(빈도 2위, 평점 2위), 화합(빈도는 4위, 평점은 3위), 은혜를 갚는 것(빈도는 3위, 평점은 6위), 희생하는 것(빈도 5위, 평점은 7위) 및 가족의 영속(빈도는 7위, 평점은 5위)을 도모하는 것이다.

이들 주요 이유 다음으로 동정, 이웃 돌봄, 보상, 종교적 믿음, 체면유지의 순위로 이어진다.

〈표 15-1〉 부모 돌봄 이유: 지적빈도와 중요성 평점에 따른 등위 비교*

동기유형	빈도에 따른 등위 등위(%)		평점에 따른 등위 등위평균1)		종합등위
존경	1	(97)	1	4.98	1
자녀책임수행	2	(85)	1	4.98	2
은혜보답	3	(72)	6	3.46	4
가족의 화합	4	(47)	3	4.46	3
희생	5	(43)	7	3.29	5
부모에 대한 애정	6	(38)	7	3.29	7
가족의 영속	7	(20)	5	3.90	5
못 다한 일 보상	8	(11)	9	3.25	9
지역사회 화합	9	(7)	4	4.16	7
종교교의 따름	10	(3)	10	2.62	10
가족체면유지	11	(2)	11	2.50	11

* Spearman 등위계수(Rho)=.82(.001)
1) 5단위 척도에 의한 평점 가중치의 평균에 기초함

두 가지 등위-지적빈도와 중요성-의 등위상관계수가 .82로
분석되었다. 이처럼 지적빈도에 따른 등위와 중요성에 따른 등위가
비슷하게 나타나 이 등위들의 신뢰성과 타당성을 시사하고 있다.

:: 논의

주요한 결과를 다음 네 가지로 묶어볼 수 있다.

부모에게 제공한 돌봄

효는 돌봄(케어, 서비스)을 부모에게 제공함으로써 실천되었다.
효행자들이 제공한 돌봄은 다음 세 가지 주제로 구분할 수 있다.

- 부모를 위한 개인적 돌봄
- 가족을 위한 돌봄
- 이웃 돌봄

부모 자녀의 서로 돌봄

효행자들은 부모를 돌보는 과정에서 가족, 친척, 이웃 및 지역
사회 성원들과 서로 돌봄을 주고받는 관계를 이루었다.

본 연구에서 식별된 두드러진 돌봄 이유는 다음과 같다.

(1) 부모에 대한 존경
(2) 부모에 대한 책임
(3) 가족의 화합
(4) 부모 은혜에 대한 보답

위의 4가지 이유-존경, 책임, 가족화합, 은혜보답-가 결합되어 부모 돌봄(효)의 '이상형'을 이루는 것으로 볼 수 있다. 이 이상형은 우리가 효의 전통적 이념과 가치를 바탕으로 부모 돌봄을 실현해나가는 모범을 제시해주는 것이다.

신용하·장경섭(1996) 교수들은 위에서 제시한 저자의 부모 돌봄의 11가지 항목들이 현대 한국가족에서 실천되고 있는 효행의 모형을 이룬다고 보았다.

제16장 존경의 전통적·현대적 표현

이 장에서는 앞장에서 발견한 부모 돌봄의 가장 중요한 이유인 '존경'에 대하여 사회조사에서 수집한 자료를 통해서 분석적으로 살펴보고자 한다.

1) 전통적 존경방식

저자를 포함한 세 사람의 공동연구자들이 제14장에서 논술한 유교문헌 속의 어른 존경과 관련된 문장과 구절을 분석하였다. 분석자들 각자가 존경방식을 가려내어 교차검정한 후 전원이 13개 방식을 최종 선정하는데 합의하였다[이 조사에 사용한 분석방법에 관해서는 저자의 저서(성규탁, 2011; Sung, 2007)를 참고하기를 바람].

유교경전에서 가려낸 아래의 13가지 존경방식을 '*전통적 존경방식*'이라 이름 지었다.

* 전통적 존경방식

- *보살핌으로 하는 존경*(어른을 보살피고 어른에게 서비스를 제공하는 것)
- *순종을 해서 하는 존경*(어른의 지시나 명령을 따르는 것)
- *음식대접으로 하는 존경*(어른이 즐겨하는 음식을 대접하는 것)
- *선물로 하는 존경*(어른에게 선물을 드리는 것)
- *어로 하는 존경*(어른과 대화를 하거나 서신을 교환할 때 존댓말을 사용하는 것)
- *외모를 갖추어 하는 존경*(어른을 대할 때 단정하고 공손한 외모를 갖추는 것)
- *윗자리를 제공해서 하는 존경*(존경의 뜻을 나타내는 자리나 역할을 제공하는 것)
- *축하를 해서 하는 존경*(어른의 탄생일을 축하하는 것)
- *인사를 해서 하는 존경*(어른에게 인사하는 것)
- *먼저 대접해서 하는 존경*(어른에게 서비스나 편의를 먼저 제공하는 것)
- *의논을 해서 하는 존경*(어른에게 충고와 자문을 요청하여

경의를 표하는 것)

· *조상에 대한 존경*(제사, 성묘, 기타 특별한 행사를 통해서 조상을 숭배하는 것)

· *이웃 노인에 대한 존경*(이웃과 사회의 어른을 존경하는 것)

이상은 전통적 존경방식들이다(표 16-1 참조).

〈표 16-1〉 어른존경방식: 전통적 방식과 현대적 방식

	어른존경 방식	전통적 방식	현대적 방식
1	보살핌	X	X
2	음식을 대접함	X	X
3	선물을 함	X	X
4	존댓말을 사용함	X	X
5	외모를 갖춤	X	X
6	이웃어른을 존중함	X	X
7	의논을 함	X	X
8	윗자리를 드림	X	X
9	생일축하를 함	X	X
10	순종을 함	X	X
11	인사를 함	X	X
12	먼저 대접함	X	X
13	조상을 숭배함	X	X
14	사비밀을 존중함	−	X
15	동일시함	−	X

−: 파악이 안되었음
X: 지적된 방식을 나타냄

2) 현대적 존경방식

다음에는 현대적 존경방식을 탐사하였다.

어른 존경에 관한 근년에 행해진 선행연구들을 섭렵하였다. 다음의 연구들은 모두 어른 존경방식을 조사하였고, 동아시아 사람들을 조사대상으로 하였으며, 질적 또는 양적 조사를 위한 조사방법을 사용하였다.

(1) Palmore와 Maeda(1985) 교수들의 보고는 일본 노인에 관한 설문조사 자료, 생활사정, 정부 및 민간사업, 노년학자들과의 면접자료, 문예작품에 나타난 자료 등을 바탕으로 하여 12가지의 표현방식을 지적하였다. 이 중(이들이 지적하지 않은) 장례를 통한 존경과 의논을 통한 존경을 제외하고는 모두가 그 의미나 표현이 고전적 존경방식들과 동일하다.

(2) Mehta(1997) 교수는 중국인이 주종을 이루며 효 정책을 추진하고 있는 싱가포르의 주민을 대상으로 초점집단방법을 사용해서 조사를 했다. 그는 7가지 방식들을 식별했는데 이 중 의논을 통한 존경을 제외한 6가지는 고전적 방식들 중 상통하는 것들과 거의 같다.

(3) Ingersoll-Dayton과 Saentienchai(1999) 교수들은 싱가포르, 대

만, 필리핀 및 태국에서 도합 79개 초점집단들을 통하여 조사했다. 이들은 12가지 방식을 지적하였다. 이 중 의논을 통한 존경을 제외한 11가지는 고전적 방식들과 거의 같다. 이들은 장례를 통한 존경과 조상에 대한 존경을 지적하지 않았다.

(4) 한국의 저자 Sung(성규탁)과 Kim(김한성)(2003) 교수들은 한국인을 대상으로 관찰 및 설문조사를 하여 얻은 자료에서 존경방식을 가려내었다. 이들은 15가지 방식을 식별하였다. 이 방식들은 모두가 고전적 방식과 거의 같다.

위의 4개 조사들은 모두 경험적인 조사에 속한다. 연구방법은 서로 다른 점이 있지만 우연히도 모두가 거의 같은 어른 존경방식들을 식별해내었다. 그런데 성규탁과 김한성을 제외하고는 모두가 존경방식에 대해서 체계적으로 계량적인 조사를 하지 않았다.

이상의 4개 조사들이 제시한 결과에 기초하여 14가지로 이루어진 현대적 어른 존경방식의 세트를 갖출 수 있다(표 16-1).

주목할 점은 15개 방식들 중 의논을 통한 존경, 사생활 존중 및 동일시해서 하는 존경을 제외한 11개는 모두가 전통적 방식과 동일하다는 사실이다. 이 사실로 미루어 보아 현대적 존경방식은 전통적 존경방식에 반영된 어른 존경의 이념에 뿌리를 두고 있으며, 전통적 어른 존경의 실천이 그 강도에서는 과거보다

약해졌다고 하지만 아직도 그 영향력은 동아시아 나라들 모두에서 지속되고 있음을 시사하고 있다.

이상과 같이 보살핌으로 하는 존경에서부터 조상에 대한 존경에 이르는 구체적이고 포괄적인 현대 동아시아인들이 사용하는 존경방식들을 가려내었다.

:: 현대적 어른 존경방식의 표현

아래는 현대적 존경방식들(15가지)이다.

* 현대적 존경방식
  · 보살핌으로 하는 존경
  · 음식대접으로 하는 존경
  · 선물로 하는 존경
  · 외모를 갖추어 하는 존경
  · 순종해서 하는 존경
  · 존댓말을 해서 하는 존경
  · 윗자리를 제공해서 하는 존경
  · 축하를 해드려 하는 존경
  · 의논을 해서 하는 존경
  · 인사를 해서 하는 존경

- *먼저 대접해서 하는 존경*
- *조상에게 하는 존경*
- *이웃 노인에 대한 존경*
- *사생활을 존중해서 하는 존경*
- *동일시해서 하는 존경*

현대적 방식에 대한 조사에서 새로 발견된 방식들은 '사생활에 대한 존중'과 '동일시해서 하는 존경'이다.

아래는 이들 방식들에 대한 설명이다.

[다른 방식들에 대해서는 제3장에서 설명하였음.]

* 사생활을 존중하는 것

어른의 사생활을 존중하는 것은 전통적으로 동아시아 문화권에서는 별로 거론되지 않았었다. 대가족을 이루어 다수 가족원들이 한 지붕 아래서 동거하던 생활환경에서는 개인의 사생활을 보장하기가 어려웠을 것이다. 그러나 이 방식이 중국과 일본에서 젊은 성인들이 중요시하며 실천하고 있음이 나타났다(성규탁, 2011). 어른의 개인적인 비밀을 지켜 드리고, 사생활을 보장해 드리고, 개인적인 안식처를 마련해 드림으로써 존경을 표하는 방식이다.

* 동일시해서 존경하는 것

존경하는 어른의 가치관, 사상, 신조, 행동, 생활스타일을 동일시하여 따름으로 존경하는 방식이다. 동아시아 나라들의 문학작품과 민속담에 부모, 선생, 지도자, 윗사람, 현저한 업적을 이루었거나 존경을 받는 인물, 집안 어른, 지도자를 동일시하는 이야기들이 많이 수록되어 있다. 이 방식도 중국과 일본에서 사용되고 있음이 발견되었는데, 사실은 동아시아 문화권에서 오랜 세대에 걸쳐 실천되어온 방식이다.

위의 존경을 표현하는 방식들은 선행연구를 참조하고 저자가 직접 행한 조사에서 얻은 자료를 바탕으로 분류한 것이다. 이 조사의 결과는 한국, 중국 및 미국의 학술지에서 발표되었다.

:: 논의

현대적 존경방식들이 의미하는 바와 표현되는 방식이 전통적 존경방식들의 의미 및 표현과 거의 같게 나타났다. 이 사실은 어른 존경과 관련된 가치와 규범은 여러 세대에 걸쳐 전해 내려온 동아시아의 문화적 특성임을 시사한다.

존경방식들을 두 가지 유형으로 분류할 수 있다.

하나는 존경의 행동적인(behavioral) 표현이다. 예로 돌보는 것, 서비스를 제공하는 것, 식사를 제공하는 것, 선물을 하는 것, 가사를 정리하는 것 등의 행위이다.

다른 하나는 상징적(symbolical)인 존경의 표현이다. 예로 존댓말(경어)을 사용하는 것, 공손한 외모를 갖추는 것, 순종을 하는 것, 윗자리에 모시는 것, 먼저 대접하는 것, 축하를 해 드리는 것 등이다.

이들 두 가지 유형들을 결합해서 어른에 대한 존경을 종합적으로 표현할 수 있다고 본다.

돌봄으로 하는 존경이 14가지 방식들 가운데 하나라는 사실은 인상 깊다. 서양학자들(Downie & Telfer, 1978; Dillon, 1992)이 논하는 바에 의하면 존경은 단순히 느낌 또는 감정의 차원이 아닌 다른 사람에 대해서 관심을 기지고 행동적으로 돌보와줌을 의미한다. 이들은 다른 사람을 존경한다는 것은 바로 그에게 관심을 갖고 그를 돌보고 지원하는 것이라고 규정하였다. 즉, 보살핌은 존경의 일부라는 것이다. 그렇다면 이 서양학자들이 논한 바와 본 연구에서 발견한 동아시아적 존경방식(돌봄을 존경의 중심적 요인이라고 보는) 사이에는 공통점이 있다고 할 수 있다.

본 연구에서 참조한 4가지의 선행연구들은 상이한 연구자들이 상이한 동아시아 사람들을 대상으로 상이한 지리적 장소에서 이루어졌다. 그런데도 불구하고 이들은 모두가 유사한 존경방식을 발견해낸 것이다. 존경방식이 공통적으로 사용되고 있음을 시사하는 것이다. 그러나 이들 연구는 모두가 제한점을 가지고 있다. 즉, 표본의 크기가 작고, 표본을 무작위가 아닌 의도적 방법으로 축출하였고, 조사도구가 지역에 따라 달랐고, 어른 존경에 영향을 끼칠 수 있는 환경적 변수들을 체계적으로 다루지 않았다.

그러나 본 연구에서 가려낸 다양한 방식들은 고령자와 윗사람 그리고 모든 사람을 존경하는 데 적용할 수 있으며, 어른 존경을 측정하는 도구를 개발하는 데도 도움이 될 수 있다고 본다. 앞서 논의한 바와 같이 존경은 돌봄과 연계되어 있고 돌봄은 다시 인(仁)의 표현이 된다. 따라서 이들 존경방식은 직접적, 간접적으로 인을 표현하는 방식으로 그 의미하는 바가 매우 깊다고 본다.

어른 존경은 한국, 일본, 월남, 중국 그리고 홍콩, 대만, 싱가포르를 포함하는 중국인 사회에서 여전히 중요한 사회적 가치로 존속하며 이 가치는 가족성원들 간의 그리고 세대 간의 서로 돌보며 섬기는 호혜적 관계를 공고히 하는 힘이 되고 있다.

제17장 전통적 가족 중심의 호혜적 성향

가족은 부모를 중심으로 가족원들이 상호 의존하면서 호혜적 돌봄을 실행하는 장(setting)이다.

한국은 다른 동아시아 나라들의 경우와 같이 유교의 영향을 오랜 세월 받아와 이 영향이 사회체계 깊숙이 스며들어 가족생활의 사소한 부분에 이르기까지 미치고 있다.

근래 가족법과 혼인법의 개정에 따라 장자승계, 재산상속 등의 방식이 새로 제정되어 가족생활의 전통적 방식이 달라지기는 했지만 유교문화에 뿌리를 둔 가족주의적 가치는 한국인의 일상생활에 끈질기게 영향을 끼치고 있다(최재석, 2009; 한국가족문화원, 2005; 신용하, 2004). 그리하여 한국인은 가족을 중심으로 서로 의존하며 돌보는 관습을 지켜나가고 있다.

이런 문화적 특색으로 한국인은 다른 아시아인들과 같이 강한 '가족적 자아(家族的 自我, the familial self)' 의식을 지니고 있다(Roland, 1989).

[가족적 자아의 개념은 '나'가 속해 있는 '큰 나'인 가족과 같은 집단에 대한 신념과 흡사하다(오세철, 1982: 41).]

가족적 자아는 가족원들로 이루어진 상호 의존적인 밀접한 관계망 안에 담겨 있다. 우리는 전통적으로 인간관계 중심문화에서 살아왔다. 즉, 나와 다른 사람 및 다른 사람들의 집단이 상호 의존하고 정서적으로 친밀한 관계를 가지면서 서로 돌보며 생활하는 것이다.

이런 가족 중심적 호혜적 관계에서 시발하여 보다 넓은 공동사회에서 공생(共生, simbiosis)하면서 서로 돌봄 관계를 유지하는 데 무개를 두는 '우리-자아'의 신념으로 확대된다(Roland, 1989). 이 점은 넓은 사랑으로서의 인(仁)의 가치가 지향하는 바와 같다. 이런 넓은 신념을 가짐으로 다른 사람에 대한 감정이입과 수용적 태도를 함양하고, 서로 다른 사회적 맥락에서 호혜적인 성향을 간직하게 된다. 우리-자아는 가족과 집단의 명성과 명예에 강하게 동일시하는 데서 생기는 자아존중을 의미하며, 문화적으로 권장하는 고령자 존중(敬老)과 효행(孝行)을 하며 위계적 관계 속에서 사회적 예의를 지키는 자아이다(Roland, 1989).

[이와 대조되는 개인적 자아(the individual self)는 미국인과 서구 사람들이 가지는 경쟁적인 개인주의와 자기실현을 지향하며 가

족 바깥의 집단들이 설정한 규칙을 준수하는 심리적 조직이다.]

그래서 동아시아 문화의 '나'는 독립된 한 사람이 아니라 나를 둘러싼 여러 사람－우리－속에 박혀 있으며 이 우리의 성원들이 나를 인증해주고 도와줌으로써 내가 이루어지고 존재하는 것이다(Tu, 1995).

이러한 가족적 자아와 우리 자아 신념을 가진 한국인은 '우리 가족', '우리 집', '우리 마을', '우리나라'라고 공생하는 집단을 부를 때 '우리'를 먼저 내세운다.

동아시아의 다른 나라와 같이 한국 사람들도 가족적 자아와 같은 자아의식 속에서 가족을 중심으로 부모 자녀가 상호 의존하면서 서로 돌보는 호혜적 관계를 유지해나가고 있다. 개개 가족원은 이런 관계를 유지하면서 가족과 이웃공동체의 복리를 위하여 힘을 합치고, 서로 돌보와주는 '우리'의 공동체를 이루고 있다(송성자, 1997; 엄예선, 1994).

'가족적 자아'와 '우리-자아'의 한국인의 사회 심리적 신념이 다음에 소개하는 조사결과에 반영되어 있다.

:: '우리 가족' 성향 조사

이 장에서는 새 시대에 우리의 가족 중심적 성향이 어느 정도로 보편화되어 있는가 조명해 보기 위해 특히 자녀의 의무수행,

거주형태의 변화 등과 연관해서 살펴보았다.도시와 농촌에서 무작위로 추출된 1,393명을 대상으로 조사해서 자료를 얻었다.

가족구조는 변하여 이제는 핵가족이 가족의 대다수를 이루고 있다. 가족의 크기가 작아지는 경향은 출산율의 저하를 보아서도 알 수 있다. 집안에서 부모와 자녀를 부양하는 데 주도적 역할을 한 여성이 교육, 고용 및 경제적 자립을 위한 기회를 찾아 집밖에서 활동하고 있다. 게다가 지속적으로 밀어닥치는 외래문화의 영향으로 젊은이들 사이에 가족 중심적인 것보다 개인 중심적인 풍조가 드러나 보인다.

이러한 변화를 포함한 일련의 사회적 변동은 전통 가족 중심적 생활태도에 변화를 가져오고 있다(한남재, 1997; 김승권·장경섭·이현송·정기선·조애조·송인주, 2000; Yoon & Cha, 1999; 한국가족문화원, 2005).

그러나 한국인은 여전히 가족을 중요시하며 친족과 친밀하게 상호 의존하는 관계를 유지하고 성인 자녀의 다수가 부모와 동거하는 등 가족 중심적 성향을 여전히 나타내고 있다(최재석, 2009; 신용하, 2004; 성규탁, 2005).

별거하는 가족들도 부모의 핵가족, 아들의 핵가족, 딸의 핵가족, 손자녀의 핵가족이 가족망을 이루어 서로 돌보는 수정된 대가족을 형성하고 있다. 이 망 속에서 전통적 가족 중심 성향을 간직해 나가고 있는 것이다.

:: 조사내용

가족 중심적 성향을 알아보기 위해 다음과 같은 여러 항목들에 걸쳐 조사하였다.

- 도움이 필요한 친척 지원
- 가족원 개개인의 욕구보다 가족 전체의 소원 중요시
- 가족이 함께 의사를 결정
- 동거하며 부모/시부모 부양
- 외부 위협으로부터 가족 방어
- 길흉사 때 친척 부조
- 제사 참례
- 부모에 대한 효도
- 부모 병간호
- 부모 부양 의무 수행
- 배우자 선택 시 부모 동의 얻음

:: 주요결과

[가족주의적 성향]

　평균치가 가장 높이 나타난 항목은 '부모에 대한 효도'이다 (4.51: 5=매우 찬성 …… 1=매우 불찬성). 이 항목에 찬성한 응답 자들의 비율도 제일 높다(95.5%). 효도 다음으로 높게 찬성한 항 목은 부모가 편치 않을 때 간호하는 것이다. 다음으로 (경제적으로) 어려운 형편에 있는 부모를 지원하는 것, 부모/시부모와 동거 하며 부양하는 것, 길흉사에 친척을 지원하는 것, 조상제사에 참 례하는 것의 순서로 나타났다(표 17-1 참조).

　효를 표상하는 이들 지표가 모두 중요하다고 판정되었다는 사 실은 인상적이다. 이 자료는 가족주의적 성향과 가족 중심으로 행하는 부모 돌봄에 대한 성향을 나타내는 것으로 볼 수 있다. 이 가운데는 '부모와 동거하면서 돌봄'이 들어 있다. 이 지료에 는 부모를 같은 집에서 동거하면서 봉양하는 전통적 가치가 반 영되어 있는 것이다.

　이 지표의 찬성 정도에 따른 순위를 보면 다음과 같다.

- 부모에 대한 효도(4.51)
- 와병 중인 부모 간호(4.37)
- 부모가 어려울 때 부양(4.31)
- 부모와 동거하며 부양(4.09)

- 친척의 길흉사 때 부조(4.02)
- 조상제사 참례(4.00)

위의 항목들보다는 낮으나 대체로 찬성하는 평가를 받은 지표들을 평균치의 크기에 따라 열거하면 다음과 같다.

- 곤궁한 친척 지원
- 위험으로부터 가족 방어
- 배우자 선택 시 부모 허락 받음
- 가족 욕구 중요시

응답자들의 부모 부양에 대한 관심과 의지가 크다는 점이 이 자료에서 일관성 있게 시사되었다. 가장 높은 평균점수(4.51~4.00)와 지적빈도를 얻은(95.5~77.8%) 지표들 중 다섯 가지가 모두 '부모 돌봄'과 관련된 것이다.

이 중에서도 가장 높은 찬성과 지적빈도를 얻은 지표가 '부모에 대한 효도'이다. 다음으로 조상제사와 친척 길흉사에 관한 것인데, 조상제사에 참여하는 것과 친척의 길흉사에 부조하는 것도 역시 부모를 중심으로 가족의 영속을 꾀하고 친족과 상호 부조하는 의지를 표시하는 지표들이다. 조상에게 제사를 올리는 것도 물론 효의 중요한 표현이다. 응답자들의 가족주의적 성향의 첫째가는 표현이 이처럼 부모 돌봄에 관한 것임은 역시 인상적이다.

위의 지표 다음으로 비교적 높은 찬성 정도(3.98~3.56)와 비교적 높은 지적빈도(80.3~60.8%)를 받은 지표들도 응답자들의 가족 및 친척에 대한 태도에 관한 것이다. 이들 지표 중 '애정에 관계없이 부모를 부양함', '부모와 동거하며 부양함' 및 '부모에게 순종함'에 대해서는 찬성하는 정도가 비교적 높았다. 그리고 '외부의 위험으로부터 가족을 방어함', '가족성원들의 행동을 통제함' 및 '가족이 싫어하는 행동을 삼가함'은 가족주의적 태도를 표시하는 지표들인데 대체로 찬성함에 가까운 평이 나왔다.

이 결과는 응답자들이 부모 부양 의지를 중요시하고 있다는 점을 분명히 시사한다. 가족 중심적 성향은 부모 중심으로 가족을 의식하는 것이며 부모를 부양하려는 의지나 의무감이 그 성향의 바탕에 깔려 있는 것으로 볼 수 있다.

〈표 17-1〉 한국인의 가족에 대한 태도

등위	태도항목	찬성정도(SD)	찬성지적빈도(%)
1	부모효도	4.51 (.59)	95.5
2	부모병간	4.37 (.68)	91.7
3	부모지원	4.31 (.73)	90.0
4	부모동거부양	4.09 (.80)	82.9
5	친척길흉사부조	4.02 (.79)	80.8
6	조상제사참례	4.00 (.87)	77.8
7	친척지원 (4.00 이하 항목 제외)	4.00 (.79)	80.3

N=1,393
등위: 평균치 크기에 기초함
찬성정도 평균: 5단위측도 1=매우 반대……5=매우 찬성
찬성지적빈도(%)= 매우 찬성 + 대체로 찬성

[응답자의 속성과 가족주의적 성향]

(1) 지방거주자와 도시거주자의 가족태도의 평균치에 기초한 t검증을 한 결과 가족욕구 중시, 시부모 부양, 부모지원, 친척 길흉사 부조, 배우자 선택 때 부모허가 받음에 대해서 지방거주자가 도시거주자보다 더 중요시하는 경향이 있으나, 대다수 지표들에서는 두 집단들 사이에 통계적으로 유의한 차이가 없음이 시사되었다.

도시거주자들 가운데는 시골에 사는 노부모와 떨어져 사는 성인 자녀들이 다수 있을 것인데 종합적으로 이들의 가족주의적 성향과 효행의지도 다른 응답자들과 차이가 없이 매우 긍정적임이 시사되었다. 부모와 떨어져 살면서도 부모 부양을 중시하고 부모를 중심으로 가족 전체의 복리와 안전에 관심을 가지고 있음을 나타낸 것이다.

(2) 남자가 여자보다 친척원조, 부모순종, 부모효도, 부모병간을 약간 더 중요시한 것으로 시사되었다. 배우자 선택과 시부모 동거부양은 여자가 더 중요시했다. 그러나 종합적으로 보아 남녀가 다 같이 커다란 차이가 없이 부모효도, 부모병간 등 부모 돌봄과 관련된 지표들을 높게 평가하였다.

(3) 친척원조, 시부모 부양, 친척 동거지원, 부모효도 및 부모병간에서는 연령에 따른 차이가 없이 모두 중요함과 중요함에 가까움의 평을 했다. 나머지 지표들에서는 일관성 있게 연령이 높

을수록 가족주의적 태도가 높았으며 반대로 연령이 낮을수록 낮았다. 따라서 가족태도를 식별하는 데 있어 연령은 중요한 변수가 된다고 볼 수 있다.

연령과 대조해서 지표들을 변량 분석한 결과 대다수 지표들에서 연령집단들 사이에 통계적으로 유의한 차이가 있었다. 즉, 연령이 높음에 따라 일관성 있게 더 가족주의적 성향이 더 뚜렷함이 시사되었다.

(4) 거의 모든 항목들에 대해서 교육 정도와 상관없이 찬성한 점은 부모 부양에 대한 응답자들의 공통적인 성향을 시사하는 것이다.

(5) 생활 정도에 따라 가족에 대한 태도가 다를 수 있을 것으로 예측했으나 그렇지가 않았다. 다만 생활 정도가 높음에 따라 부모효도, 행위조심, 부모지원에 대해서 약간 더 찬성하는 경향이 있다.

(6) 출생순위(장남, 차남, 3남)에 따라서는 대부분의 항목들에서 차이가 없음이 시사되었다.

:: 논의

본 조사의 결과는 응답자들의 가족 중심적 성향을 뚜렷이 나타내고 있다. 각각의 조사항목에 대한 응답 하나하나가 가족적 자아(家族的 自我) 개념을 예시하고 있다. 이러한 특성은 또한 이들이 상호 의존적으로 서로 돌보는 호혜적 관계를 중요시하며 이를 실행하고 있음을 시사한다.

한국인의 가족 중심적 성향은 연구자들 사이에서 이미 널리 논의되어 왔다(최재석, 2009; 가족문화원, 2005; 신용하, 2004; 이광규, 1990; 송성자, 1987; 김한초·한남재·최성재·유인희, 1986; Hill & Koenig, 1970). 본 조사는 새 시대에 들어서도 이런 성향이 여전히 지속되고 있다는 결과를 보여주고 있다.

그런데 본 조사와 같이 이 성향을 부모 부양(효)에 초점을 두고 경험적 자료를 바탕으로 연구한 사례가 매우 드물었다. 본 조사는 표본의 크기가 작지만 다양한 항목들에 걸쳐 일관성 있는 결과를 낸 점에서 참고할 만한 결과를 냈다고 볼 수 있다.

부모 효도를 비롯한 부모를 중시하는 지표들에 대해서는 연령, 교육, 출신지역, 생활 정도 및 출생순위에 상관없이 대다수 응답자들이 높게 평가하였다. 이러한 결과는 한국인의 가족을 중심으로 한 부모 돌봄에 대한 긍정적인 태도를 시사하는 것이다.

특히 응답자들의 77%가 결혼 대상자를 고를 때 부모 허락을 받는 데 찬성한 점은 놀라운 사실이다.

그리고 친척을 중시하며 돌보는 태도와 행동이 일관성 있게 나타났다. 이 또한 상호 의존적인 가족주의적 성향을 지적하는 것이다(최재석, 2009; 이광규, 1990; 김한초 외, 1986).

친척은 호혜적인 사회적 지원망으로서의 서로 돌봄 체계를 이룬다(김낙진, 2004: 48). 혈연으로 엉켜진 사람들이 서로 돌보는 공동체를 이룬다는 것은 핵가족 시대에 사회 복지적 견지에서 매우 중요하다. 앞으로 이러한 친척과의 호혜적인 서로 돌봄 관계를 이웃과 공동사회로 연장하여 돌보는 폭을 넓힐 수 있도록 유도할 필요가 있다.

본 조사는 우리의 사회체계 속에 가족 중심으로 서로 돌보는 관행이 깊이 뿌리 박혀 있으며 특히 부모를 돌보려는 의지가 이러한 관행의 바탕이 되고 있음을 시사하고 있다.

오늘날 우리의 전통문화와 산업화가 요청하는 물질적이고 합리주의적인 생활체제 사이의 부조화와 갈등으로 부모 돌봄과 관련된 가치관의 혼란을 경험하고 있다. 이러한 상황에서 부모 자녀가 서로 돌봄을 주고받는 인(仁)에 바탕을 둔 가족윤리를 발전적으로 재정립할 필요가 매우 크다.

본 조사의 결과는 이런 가족윤리를 재정립하는 데 필요한 기본조건－가족 중심으로 부모를 비롯한 가족원들 및 친척을 돌보려는 의지와 책임성－을 한국인이 간직하고 있음을 뚜렷이 시사하고 있다.

이런 결과가 시사하듯이 한국인은 소가족화되어 떨어져 살면서도 서로 밀접하게 결속되어 있는 것이다. '가족적 자아' 의식 속에서 정서적으로 친밀한 상호 의존하는 관계를 유지하고 공생(共生)하면서 '우리 집안', '우리 사회' 사람으로서 서로 돌보는 호혜적 관계를 유지해나가고 있는 것이다.

제18장 공통적 돌봄의 관행
―동아시아 사람들의 특성

일본과 동아시아 나라들에서 노인문제를 연구한 K. Elliot와 R. Campbell(1993)은 다음과 같은 말을 했다.

"한국과 중국의 가족이 노인을 돌보고 세대 간의 호혜적 관계를 유지하는 관습은 일본인의 경우와 매우 유사하다. 이들 세 나라의 문화는 공자의 효의 윤리적 가르침으로부터 강한 영향을 받았기 때문에 그런 것으로 보인다."

한국, 중국 및 일본의 세 나라에서 노인을 돌보는 문화적 관습이 지속되고 있음을 지적하는 말이다.

이 장에서 소개하는 한국, 중국 및 일본에서 나라별로 행한 3 개의 병행(並行)된 어른 존경에 대한 조사들에서도 위에 지적한 세 나라의 문화적 공통성이 지속되고 있음을 발견하였다[부모 존경은 앞서 지적한 바와 같이 효행(孝行)방식들 중 성인 자녀가 가장 중요하고 가장 자주 실행한다고 판정한 것이다].

이 조사들은 비슷한 문화적 배경을 가진 3개국의 응답자들의 어른에 대한 태도와 행위의 공통성을 시사하는 결과를 산출한 것이다(자세한 조사내용은 저자의 『어른을 존중하는 중국, 일본, 한국 사람들: 새 시대의 실천방식』, 한국학술정보(주), 2011)을 참 조하기를 바람).

세 나라들의 응답자 그룹들로부터 15가지의 존경방식들을 발 견하였으며 이 모든 방식들에 대한 긍정적인 평이 나왔다. 다음 에 3개국의 자료를 종합해서 특별히 중요하다고 판단되는 존경 방식들에 대해서 간략히 논의하고자 한다.

존경방식을 지적한 빈도(평균치)와 중요성(평균치)의 크기에 따른 종합적 등위를 참조하면서 목칙으로 분석해보았다(표 18-1 참조). 첫째로 *보살핌으로 하는 존경은 한국, 중국, 일본의 3개 응 답자 집단들이 모두 가장 중요하다는 평을 하였다.*

중요성 평점을 바탕으로 산정한 등위를 보면 세 집단들이 보 살핌으로 하는 존경에서 다 같이 1등위를 차지했다(한국 1등, 중 국 1등, 일본 1등). 3개 집단들 모두가 보살핌으로 하는 존경을 가장 중요하다고 판단했음을 시사한다. 다음 보살핌은 지적한 빈도를 바탕으로 3개 집단들의 등위를 보면, 한국 1등위, 중국 6등위, 일본 4등위이다. 3개 집단들의 빈도에 따른 총 평균의 등위는 2등이다. 중요성에 주어진 등위에 비하면 빈도에 주어진 등위는 좀 낮다. 보살핌으로 하는 존경은 지적빈도에서는 3개 집단들이 약간의 차이를 보이며 최고로 많은 지적은 안 했다. 그러나 이 방식의 중요성은 가장 높게 평가된 것이다.

〈표 18-1〉 존경방식의 지적빈도 및 중요성 평점 비교
한국, 중국, 일본 응답자

존경 방식	지적빈도			평균 등위	중요성			평균 등위
	한국 순위(평균)	중국 순위(평균)	일본 순위(평균)		한국 순위(평균)	중국 순위(평균)	일본 순위(평균)	
보살핌	1 (62%)	6 (3.74)	4 (3.78)	2	1 (3.60)	1 (4.21)	1 (4.25)	1
순종	2 (51%	7 (3.	8 (3.47)	6	3 (3.55)	14 (3.39)	9 (3.74)	8
의논	3 (41%)	14 (3.37)	14 (2.25)	10	2 (3.51)	15 (3.29)	14 (3.04)	11
먼저대접	4 (36%)	3 (3.95)	5 (3.74)	3	6 (3.12)	7 (3.89)	7 (3.99)	6
인사	5 (33%)	5 (3.82)	3 (3.79)	5	5 (3.15)	6 (3.91)	4 (4.14)	3
존댓말	6 (31%)	2 (4.09)	1 (4.07)	1	4 (3.23)	3 (4.10)	5 (4.06)	2
음식대접	7 (23%)	9 (3.64)	9 (3.11)	7	7 (3.02)	2 (4.12)	10 (3.44)	5
선물	8 (21%)	15 (2.79)	13 (2.27)	12	8 (2.92)	13 (3.40)	15 (2.72)	12
외모	9 (20%)	1 (4.25)	2 (3.97)	3	9 (2.82)	5 (4.06)	2 (4.18)	4
조상숭배	10 (19%)	12 (3.58)	6 (3.61)	8	9 (2.82)	8 (3.88)	8 (3.90)	7
이웃지원	11 (18%)	13 (3.46)	10 (3.04)	11	11 (2.77)	10 (3.77)	5 (4.06)	8
생일축하	11 (18%)	10 (3.64)	15 (2.79)	12	12 (2.63)	12 (3.57)	13 (3.18)	13
윗자리	13 (16%)	4 (3.90)	12 (2.94)	9	13 (2.50)	4 (4.08)	12 (3.36)	10
장례	14 (9%)	—	—		13 (2.50)	—	—	
사생활	—	8 (3.65)	7 (3.50)		—	9 (3.82)	3 (4.15)	
동일시	—	11 (3.60)	11 (3.00)		—	11 (3.76)	1 (3.42)	

평균등위=(중국등위 + 일본등의 + 한국등위)/3
% = 각방식지적자수/총지적자수 (한국자료에 한함)
 - : 자료 미수집

둘째, 보살핌으로 하는 존경과 거의 비슷하게 높은 등위를 받은 방식은 *존댓말로 하는 존경*이다.

셋째, *외모로 하는 존경*은 지적빈도에서 3등위, 중요성에서 4등위이다.

넷째로 들어난 방식은 *인사로 하는 존경*인데 중요성에서 3등이고, 지적빈도에 따른 등위는 5등이다.

다섯째, *먼저 대접해서 하는 존경*은 지적빈도에서 3등위이고 중요성에서는 6등위이다.

이상 3개 집단들로부터 현저히 높은 등위를 받은 5개 방식들의 등위를 살펴보았다.

이들 5개 반식들의 총 평균치는 빈도에서 4.09~3.74의 범위를 이루어 5단의 측도에 기초하여 대략 '자주 실천함'의 범주에 속하며, 중요성에서 4.25~3.89의 범위를 이루어 대략 '중요함'의 범주에 속한다고 판정할 수 있다.

한편 보살핌으로 하는 존경에서 윗자리를 제공해서 하는 존경에 이르는 13개 방식들의 대한 지적빈도(총 평균)의 등위와 중요성(총 평균)의 등위 간의 상관계수를 분석한 결과 이들 두 등위들 사이에 높은 상관성 또는 동일성이 있음이 시사되었다(Rho=.83). 따라서 중요성에 주어진 평균치를 바탕으로 빈도의 평균치를 추정할 수 있음이 시사되었다(15개 방식들 중 '동일시해서 하는 존경'과 '사생활 존중'은 한국자료가 수집되지 않아 이 분석에서 제외되었음).

이상 아래와 같은 매우 중요하고 매우 자주 지적된 존경방식들을 소개하였다.

- 보살핌으로 하는 존경
- 존댓말로 하는 존경
- 외모로 하는 존경
- 인사로 하는 존경
- 먼저 대접해서 하는 존경

모든 존경방식들을 종합하여 중요성 등위를 보면, 한국집단이 순종해서 하는 존경과 의논해서 하는 존경을 보살핌 다음으로 제일 중요시했고(2등위, 3등위), 음식대접을 통한 존경은 중국집단이 제일 중요시했으며(1등위), 외모로 하는 존경(빈도 2등위, 중요성 2등위)과 이웃 노인지원은 일본집단이 제일 중요시했다(5등위).

이런 다소간의 변화가 있기는 하나 존경방식의 공통성과 존경방식들에 주어진 평균치들 간의 매우 근소(僅少)한 차이를 보아, 3개 비교집단들 간의 차이는 비교적 미소하다고 볼 수 있다. 저자가 3개 나라들에서 조사를 진행하면서 관찰한 바에 의하면 대부분의 방식들이 이들 나라에서 대체로 비슷하게 실천되고 있는 것으로 보였다.

세 나라들은 경제적 발달과 현대화 수준에서 차이가 있다. 그러나 존경을 표하는 데 있어서는 고도의 유사성이 엿보인다. 다양한 방식들이 긍정적으로 평가되었으며 모든 방식들이 공통적으로 실천되고 있다.

홍콩대학의 N. Chow교수(1995)는 이런 동아시아 나라들의 문화적 공통성에 대해서 다음과 같이 말했다.

"타이완, 홍콩, 싱가포르는 중국인이 대다수를 이루고 있는데, 이 나라들은 모두 고령자에 대한 존경을 강조하고 있다. 중국문화의 영향을 받은 다른 나라들ㅡ일본과 한국ㅡ도 역시 효를 고령자를 대접하는 방법에 영향을 주는 중요한 가치로 삼고 있다."

일찍이 R. Bendix(1967)는 문화적 영향에 관해서 다음과 같이 예언했다.

"산업화된 국가들은 모두 비슷한 문제들에 봉착할 것이다. 그러나 나라마다 문화적, 이념적 및 사회적 면에서 차이가 있기 때문에 서로 다른 대응책을 마련해나갈 것으로 본다."

이 말을 따른다면 동아시아 문화권의 나라들도 산업화에 따른 사회변화에도 불구하고 그들의 오랜 세월 이어져 내려온 문화적 전통을 존중하면서 노인문제를 포함한 과제들을 풀어나가게 될 것이라고 예상할 수 있다.

위에서 소개한 조사결과는 세 나라들에서 가족 중심적 서로 돌봄의 문화적 전통이 끈질기게 지속되고 있음을 시사하는 것이다.

문화적 배경과 과제

이 책에서 부모와 자녀의 서로 돌봄에 대한 가치를 새로 밝혀 새 시대의 생활환경에 맞는 서로 돌봄을 호혜적으로 실행하는 데 대하여 논의하였다.

우리는 인간애-인간존중을 중요시하는 문화적 전통을 간직해 왔다. 이 전통에 뿌리를 둔 서로 돌봄의 가치는 여러 세대에 걸쳐 우리의 가족 중심적 생활방식과 일상적 예의범절의 사소한 부면에 이르기까지 영향을 끼쳐 왔으며 또 끼치고 있다. 이런 문화적 배경에 대해서 이 책 제1부에서 논술하였다.

시대적 변화에 따라 생활스타일이 달라지고는 있지만 이 책에서 밝힌 바와 같이 부모와 자녀의 핵가족들이 가족망을 이루어 가족적 자아의식과 우리 의식을 간직하면서 상호 의존적으로 서로 돌봄 관계를 유지해나가고 있다. 이러한 문화적 배경을 가진 우리에게 근년에 들어 충격적인 일들이 일어나고 있다. 고령자를 푸대접하고, 차별하고, 학대하는 사건들이 일어나고 있는 것이다.

이와 같은 시대적 도전을 맞아 넓은 사랑으로의 인의 가치에 뿌리를 둔 생활윤리를 다시 밝히고 가족과 이웃의 서로 돌봄 관계를 재정립할 필요성이 커지고 있다.

공자의 이상은 인(仁)을 실현하는 것인데, 인은 부모와 자녀 그리고 이웃이 측은지심으로 서로 돌봄으로써 이루어질 수 있는 것이다.

그런데 서로 돌봄의 주역인 부모와 자녀의 관계는 친밀하면서도 서로에 대한 기대 차이, 대화부족, 생활스타일과 가차관의 차이 등으로 갈등과 긴장이 깃들 수 있고 그 관계가 애매하게 되는 경우도 있다. 그러나 이러한 문제는 친밀한 부모와 자녀가 서로에 대한 애정, 관용 그리고 타협과 양해를 통해 해소될 수 있다.

서로 돌보는 관계를 유지하는 데 필요한 조건은 받은 도움을 갚을 의무, 도움이 필요한 편에게 이를 베풀어줄 의무가 있는 것이다.

우리가 부딪친 매우 중요한 과제는 어떻게 하면 세대 간의 그리고 모든 사람들 간의 호혜적 돌봄 관계를 보다 더 책임성 있게 의무적으로 이룩해나가느냐는 것이다.

변화와 적응

개개 가족의 생활형편, 자조(自助)능력, 응집력이 다르기는 하지만, 한국 가족들의 공통점은 가족원들이 상호 의존하면서 의무적으로 서로 돌봄 관계를 유지하려고 노력하는 것이다. 제2부에서 실증적 자료를 바탕으로 새 시대의 생활환경에 적응하면서 서로 돌보는 방법, 떨어져 살면서 돌보는 방법, 가족 바깥의 서비스를 활용하는 방법 등의 대안을 모색하면서 돌보아 나가는 상황을 알아보았다.

특히 가족의 변화에 따라 서로 돌봄을 위해 사회적 자원을 활용할 필요성이 커지고 있다. 새 시대에는 효도 필요할 때는 가족외부의 지원을 얻어 할 수 있게 된 것이다. 사회적 지원망과 사회복지서비스는 이를 위한 긴요한 방편이 된다. 친척, 친구, 이웃, 사회단체, 공제그룹과의 서로 돌보는 관계를 유지해가고, 노부모의 사회적, 심리적 및 신체적 욕구를 파악해서 때에 맞게 돌보아 나가며, 가족의 자체 돌봄 능력이 부족할 경우 가족 외부의돌봄 자원을 활용할 수 있게 된 것이다. 효의 실행방법이 수정되고 있는 것이다.

우리는 서로 돌봄을 하는 데 유리한 여건을 갖추고 있다. 나라의 크기가 작고 고도로 발달된 교통통신 수단을 가지고 있어 비교적 단시간 내에 서로 만날 수 있다. 전화, 이메일 등 통신을 하고, 직접 방문을 해서 대화를 하여 애정과 연대를 증진할 수 있다. 부모와 자녀의 부부관계, 친밀도, 단결의 정도에 따라 다를 수 있으나 대개의 부모 자녀들은 이렇게 자주 접촉해가고 있다. 고령의 부모들은 자녀와 함께 살거나 자녀가 사는 곳 가까이에서 자녀와 상호 의존하면서 여생을 보내는 경우가 많다.

활용의 새로운 방향

전통사회에서는 기성세대의 집단적 압력에 젊은 사람들이 순종하는 사회 심리적 구조를 이루어(오세철, 1982: 38~42; Hashimoto, 2004: 182~197) 효를 하도록 강압당하는 경향이 있었다.

부모 돌봄은 개개인이 실천하는 행동이기 때문에 개인이 처해 있는 가정적 및 사회적 여건 속에서 성숙한 성인의 의지에 따라 실행되어져야 하며 국가나 지휘자의 지시나 압력에 따라 행해져서는 진정한 돌봄이 되기 어렵다.

새 시대에 발전적인 서로 돌봄 관계를 정립하는 원동력은 역시 자녀와 부모 사이의 존경, 책임, 보은, 희생 등 전통적 효의 가치가 될 것이다.

부모를 돌보려는 의지는 성인 자녀의 마음속 깊이 내재(內在)해 있다. 다만 그것을 태도와 행동으로 표현하는 데 있어 개인이 처해 있는 환경적 조건에 따라 다소간의 차이가 있을 수 있다.

따라서 우리는 고령의 친족을 포함한 의존적인 가족원들에게 제공하는 돌봄의 내용과 방식을 이해하고 이에 대한 지식과 정보를 가지고 있어야 한다. 이에 대해 제1부(제5장)와 제2부에서 비교적 소상히 논술하였다.

서로 돌보는 공동체

부모 돌봄의 기본적 이념은 시대가 달라져도 변하지 않지만, 이를 행동으로 옮기는 데는 인습고수적(因襲固守的)으로 해 나아 갈 수 없게 되었다. 옛 인습을 피동적으로 수렴하고 집단행동에 무조건 순응하며 생활하던 시대로부터 우리의 생활현실은 멀어 지고 있다.

우리는 민주주의 사회에서 살고 있다. 서로 돌봄 관계도 가족 공동체의 공동이익을 존중하면서 가족원과 이웃사람 개개인의 평등, 자유, 인권을 존중하는 가운데서 이루어져야 하겠다.

모든 사람들에게 통용되는 돌봄의 기준을 둘 필요가 있겠으나 한편으로는 각각의 부모와 자녀의 짝이 처해 있는 가족적, 경제 적 및 사회적 맥락에 맞는 돌봄을 실행할 필요가 있다.

시대적 흐름은 권위주의적이고 일방향적 인간관계로부터 남 녀노소가 서로 존중하며 돌보는 양방향적 관계로 전환하고 있는 것이다.

우리는 부모 돌봄의 가치를 다음 세대에 전수하는 데 있어 젊 은이가 규범에 묻혀 개성의 변화를 억제당하고 지나치게 순종을 하도록 강요해서는 안 된다고 본다. 소위 동양사회의 전통적인 폐쇄성과 정태성에서 벗어나 좀 더 젊은이의 자각과 창의성을 존중하는 신축성 있고 개방적인 방편을 적용해야 할 것으로 본다.

성숙한 성인으로서 자기실현을 하는 방향으로 부모와 자기와의 돌봄 관계를 책임성 있게 유지해가는 것이 바람직하다.

서로 돌보는 관계에서는 고령자도 젊은 사람들과의 관계를 조정할 필요가 있다. 새로운 노인상(老人像)을 제시하자는 것이다. 새 노인상을 형성하기 위해서 고령자는 적어도 다음과 같은 점을 실행해야 된다고 본다.

젊은 사람들의 인격과 자유를 존중해주고, 책임 있는 부모와 윗사람이 되고, 젊은 사람들과 조화로운 관계를 유지하고, 이들로부터 받은 도움에 감사하고, 이들에게 애정을 표시하고, 이들이 가지는 어려움에 동정하고, 이들을 보살피고 지원해나가는 것이다.

부모는 자녀들의 상호교환과 대화를 촉진하고 이들의 화합을 북돋우는 역할을 할 수 있다. 어머니는 이 역할을 수행하는 주역이다. 부모가 자녀생활을 간섭하고 이에 영향을 끼치는 방식은 줄어들고 이들의 독립된 생활을 존중하고 충고, 자문, 지원을 하는 데 역할을 제한하는 경향이다.

한편 젊은 사람들은 가족이 하나의 조직으로 기능하며 부모는 그 조직의 우두머리로서 조직을 다스리고 유지하는 책임과 권한을 가진다는 점을 이해해야 한다. 자녀는 이러한 가족의 체계를 받아들여야 하며 이 속에서 자연적으로 생기는 부모의 권위를 받들고 그분들의 가족복리를 증진하려는 가치와 노력을 존중해

야 한다. 이러한 부모의 권위는 동서양을 막론하고 인류사회에서
공통적으로 존중되고 있는 것이다.

전통적 돌봄의 가치―서로 사랑하고 섬기며, 서로 의무적으로
상대의 부족함을 메꾸어 주는―세대관계를 개발하여 호혜적으
로 돌보는 공동사회를 이루어나가야 하겠다. 이런 공동사회는 우
리의 돌봄 전통을 약화시키는 이기적이고 개인 중심적인 산업사
회의 풍조를 상당한 정도로 조정할 수 있을 것으로 본다.

이러한 노력을 통해서 새 시대 생활에 알맞은 세대 간의 호혜
적 서로 돌봄 관계를 발전해가는 한편, 이웃과 공동사회의 지원과
정부가 개발하는 사회보장 및 복지사업을 통합해서 우리의 종합
적인 사회복지체계로 발전시킬 수 있다면 참으로 반가운 일이다.

호혜적으로 서로 돌보는 관계는 사회체계를 안정시키는 접착
제의 역할을 한다. 서로 돌봄이 기본적 가치인 효는 한국인들이
조상으로부터 물려받은 문화적 유산이다. 다른 민족들이 자기들
의 문화적 유산을 자랑스럽게 여기면서 그 문화의 전통에 따라
도덕적이고 윤리적인 규범을 지켜 나가듯이 우리도 우리의 문화
적 유산인 효의 가치를 현대생활에 알맞게 조정하면서 지켜나가
게 되기를 바라마지 않는다.

참고문헌

[국내문헌]

강철희·김미옥·이종은·이경은, 2007, 나눔 교육을 통한 아동의 변화연구, 한국사회복지학, 59.

고범서, 1992, 가치관연구, 나남.

권중돈, 2010, 노인복지론, 학지사.

김경동, 1964, 태도척도에 의한 유교가치관의 측정, 한국사회학, 제1집, 3~24.

김경동, 2012, 자원봉사: 따뜻한 손길이 필요할 때, 한국개발원.

김경희, 2003, 아동심리학, 박영사.

김낙진, 2004, 의리의 윤리와 한국의 유교문화, 집문당.

김미해·권금주, 2008, 며느리의 노인 학대과정에 관한 연구, 한국노년학, 28(3), 403~424.

김승권·장경섭·이현송·정기선·조애조·송인주, 2000, 한국가족의 변화와 대응방안, 한국보건사회연구원 연구보고서.

김시우, 2008, 성경적 효 입문, 다시랑.

김영범·박준식, 2004, 한국노인의 가족관계망과 삶의 만족도, 한국노년학, 24(1), 169~185.

김용우, 2011, 한국자선교육 제도화 방안연구, 동국대학교 박사학위논문.

김익기·김동배·모선희·박경숙·원영희·이연숙·조성남, 1999, 한국노인의 삶, 미래인력연구회.

김인자 외, 2008, 긍정심리학, 물푸레.

김정식·김익기, 2000, 세대 간 지원교환의 형태와 노인들의 만족도, 한국노년학, 20(2), 155~168.

김정현, 2009, 문화적 가치가 수발부담 및 사회적 지지를 통해 남가주 한인가족수발자의 신체적 건강에 미치는 영향-사회 문화적 스트레스 대처모델을 적용하여, 한국노년학, 29(2), 377~394.

김태현, 2000, 미래사회와 효의 실천방안, 44~65, 현대사회와 효의 실천방안, 한국노인문제연구소.

김태환, 1979, 사회적인 견지에서 본 한국인의 국민성, 국민윤리, 8, 정신문화연구원.

김평일, 1995, 내리사랑 올리효도, 고려원.

김한곤, 1998, 노인학대의 인지도와 노인학대의 실태에 관한 연구, 한국노년학, 18, 184~197.

김한초・한남재・최성재・유인희, 1986, 한국가족의 표준모델개발, 한국정신문호연구원.

김평일, 1995, 내리사랑 올리효도, 고려원.

나병균, 1985, 향약과 사회보장의 관계, 사회복지학회지, 제7호, 21~50.

나카무라 모토(中村 元), 1961, 慈悲, 京都: 平樂寺書店.

노자(老子), 1988, 이민수 역해, 해원출판사

논어(論語), 1997, 이가원 감수, 홍신문화사.

대학(大學), 이가원 감수, 1994, 대학-중용, 홍신문화사.

동금유(董金裕), 2010, 효도사상의 확대해석과 현대에서의 실천, 부흥과 현대사회, 국제유교연합회, 성균관대학교.

류승국, 1995, 효와 인륜사회, 효사상과 미래사회, 한국정신문화연구원.

맹자(孟子), 1994, 이기석・한용우 역해, 홍신문화사.

명심보감(明心寶鑑), 이기석 역해, 2003, 홍신출판사.

모선희, 2000, 효 윤리의 현황과 과제, 현대사회와 효의 실천방안, 한국노인문제연구소.

문용린・김인자・원현주・백수현・안선영 역, 2008, 성격감정과 덕목의 분류, 한국심리상담연구소.

민기채・이정화, 2008, 비공식적 관계망에 대한 지원제공이 노인의 정신건강에 미치는 영향, 한국노년학, 28(3), 515~533.

박수명・이석재・장현오・조남욱, 1995, 한국 국민정신운동의 역사와 발전방향, 집문당, 11~57.

박영란, 2000, 효 관련 연구의 현황과 과제, 현대사회와 효의 실천방안, 한국노인문제연구소.

박재간, 1998, 전통적 효사상과 그 현대적 의의, 전통윤리의 현대적 조명, 한국정신문화연구원.

박재간, 1995, 오늘의 노인, 그들은 누구인가, 박재간 편, 고령화사회의 위기와 도전, 나남출판사.

박종홍, 1960, 퇴계의 인간과 사상, 서울: 국제문화연구소, 세계 2권, 4호.

보건복지부, 2009, 2008년도 노인실태조사: 전국노인생활실태 및 복지욕구조사.

보건복지부, 2007, 노인 학대상담사업 현황보고서.

부모은중경(父母恩重經), 1994, 권오석 역해, 홍신문화사.

삼성복지재단, 1973～1995, 삼성효행록.

성규탁, 2011, 어른을 존중하는 중국, 일본, 한국 사람들: 새 시대의 실천방식, 한국학술정보(주).

성규탁, 2010, 한국인의 효 Ⅰ-전통과 변화, 한국학술정보(주).

성규탁, 2010, 한국인의 효 Ⅱ-변하는 형태, 한국학술정보(주).

성규탁, 2010, 한국인의 효 Ⅲ-어른 존경, 한국학술정보(주).

성규탁, 2010, 한국인의 효 Ⅳ-별거와 부양, 한국학술정보(주).

성규탁, 2010, 한국인의 효 Ⅴ-주고받는 관계, 한국학술정보(주).

성규탁, 2005, 현대한국인의 효, 집문당.

성규탁, 2001, 어른 존경방식에 대한 탐험적 연구, 한국노년학, 21(2), 125～139.

성규탁, 2000, 노인을 위한 가족의 지원: 비교문화적 고찰, 사회복지, 145, 175～192.

성규탁, 1998, 현대한국인이 인식하는 효: 척도와 차원, 한국노년학, 14(1), 50～68.

성규탁, 1995, 한국인의 효행의지와 연령층들 간의 차이, 한국노년학, 15(1), 1～14.

성규탁, 1995, 새 시대의 효, 연세대학교 출판부.

성규탁, 1994, 한국인의 가족지향성, 현대사회와 사회사업, 우계어윤배 박사 회갑기념논문, 7～28.

성규탁, 1990, 한국노인의 가족중심적 상호부조망, 한국노년학, 9, 28～43.

성규탁, 1989, 현대한국인의 효행에 관한 연구, 한국노년학, 9, 28～43.

성서(The Holy Bible).

소학(小學), 1994, 이기석 역해, 홍신문화사.

손인주, 한국인의 가치관, 1992, 문음사.

손인주·주채혁·조걱호·조대희·민병주, 1977, 한국인의 인간관, 삼화서적 주식회사.

송복, 1999, 동양의 가치란 무엇인가: 논어의 세계, 미래인력연구센터.

송성자, 1997, 한국문화와 가족치료, 한국사회복지학, 32권, 160～180.

신섭중, 2002, 한국의 고령자를 위한 상호부조의 과제, 제44회 일본 노년사회 과학대회 심포지엄발표논문, 노년사회과학, 6월호.

신용하, 2004, 21세기 한국사회와 공동체문화, 지식산업사.

신용하, 2000, 한국민족의 형성과 민족사회학, 지식산업사.

신용하·장경섭, 1996, 21세기 한국의 가족과 공동체 문화, 집문당.

역사학회 편, 2000, 역사상의 국가권력과 종교, 일조각.

엄예선, 1994, 한국가족치료개발론, 홍익제.

예기(禮記), 1993, 권오순 역해, 홍신문화사.

오세철, 1982, 한국인의 사회심리, 박영사.

오종일, 2010, 효의 유학적 가치와 미래적 기능, 유학부흥과 현대사회, 국제유
　　　교연합회, 성균관대학교.

윤관수·박현선, 2003, 독거노인과 가족동거노인의 건강상태에 관한 연구, 한
　　　국노년학, 23(4), 163~179.

윤사순, 2008, 퇴계이황, 예문동양사상연구원.

윤성범, 1975, 현대와 효도, 을유문화사.

윤태림, 1970, 한국인의 의식구조, 삼화서적.

윤현숙·류삼희, 2007, 장기요양보호노인 가족수발자의 수발부담에 영향을 미
　　　치는 요인-배우자와 자녀 비교, 한국노년학, 27(1), 195~211.

율곡전서(栗谷全書) 국역, 1985, 한국정신문화연구원.

이광규, 1990, 한국가족의 구조분석, 일지사.

이광규·김태현·최성재·조흥식·김규원, 1996, 가족의 관계 역동성과 문제
　　　인식, 아산재단연구초서 제29집.

이기백, 1999, 한국사신론(신수판), 일조각.

이부영, 1983, 한국인의 성격의 심리학적 고찰, 한국인의 윤리관, 한국정신문
　　　화연구원, 35.

이상은·이병도, 1976, 한국의 유학사상: 退溪集/栗谷集, 삼선출판사.

이상진·송기섭·이덕일, 1997, 성학십도: 동국십팔선정, 자유문고.

이상해(李翔海), 2010, 효와 중국인의 안신입명의 도, 유학부흥과 현대사회, 서
　　　울: 국제유교연합회, 성균관대학교.

이인수·이용한, 2000, 노인학대 인식도의 한미 간 비교에 관한 연구, 노인복
　　　지연구, 겨울호, 165~182.

이정화·한경혜·박공주·이한기, 2003, 사회적 환경으로의 지원망 특성이 농
　　　촌노인의 심리적 복지에 미치는 영향, 농촌계획, 9(3), 1~7.

이종호, 1994, 율곡의 인간과 사상, 지식산업사.

이형실, 1999, 농촌부부가구 노인의 사회적 지원에 관한 연구, 한국노년학,
　　　19(3), 109~1999.

이혜자·박경애, 2009, 농촌노인의 가족관계망 유형과 생활만족도, 한국노년
　　　학, 29(1), 291~307.

전미경·김정현, 2008, 초등교과서에 재현된 노인에 관한 연구, 한국노년학,
　　　28(3), 663-685,

전미애, 2006, '효' 가치관이 가족 간병인의 적응양식과 우울감에 미치는 영향, 한국노년학, 26(4), 665~680.

전혜정·장덕민, 2003, 여성노인의 비공식적 지원제공과 정신건강: 심리적 매개과정을 중심으로, 노인복지연구, 22, 151~173.

정경배, 1999, 21세기 노인복지정책 방향, 노인복지정책연구, 한국보건사회연구원.

조은, 2006, 오늘의 한국가족 어디로 가고 있나? 아산사회복지재단창립 29주년 기념 심포지엄.

중용(中庸), 2000, 이가원(감수), 홍신문화사.

지교헌, 1989, 경로효친사상의 역사적 전개와 현대적 의의, 전통윤리의 현대적 조명, 한국정신문화연구원, 213~278.

지교헌, 1988, 한민족의 정신사적 기초, 한국정신문화연구원.

채무송, 1985, 退溪·栗谷 철학의 비교연구, 성균관대학교 출판부.

최근덕, 1995, 효의 오늘과 내일, 효사상과 미래사회, 한국정신문화연구원, 77~102.

최문형, 2004, 한국전통사상의 탐구와 전망, 경인문화사.

최성재·장인협, 2010, 고령화사회의 노인복지학, 서울대출판부.

최성재(편), 2012, 고령화사회, 서울대출판부.

최성재, 1989, 경로효친사상과 노인복지, 한국사회복지학, 13, 1~25.

최재석, 2009, 한국의 가족과 사회, 경인문화사.

최재석, 1994, 한국가족연구, 일지사.

최정혜, 1998, 기혼자녀의 효 의식, 가족주의 및 부모 부양의식, 한국노년학, 18(2), 47~63.

최혜경, 2006, 가족법 개정운동에 비춰본 한국의 가족제도, 오늘의 한국가족 어디로 가고 있나? 아산사회복지재단 29주년기념 심포지엄.

퇴계집(退溪集), 2003, 이황, 장기근 역해, 홍신문화사.

한경해·주지현·이정화, 2008, 조손가족 조모가 경험하는 손자녀 양육의 보상과 비용, 한국노년학, 28(4).

한국가족문화원, 2005, 21세기 한국가족: 문제와 대안, 경문사.

한국개발원, 1985, 2000년을 향한 국가장기개발구상 총괄보고서, 72~84.

한국노년학포럼, 2010, 노년학척도집, 나눔의 집.

한국노인문제연구소, 1985, 한국효행실록.

한남재, 1997, 한국가족제도의 변화, 일지사.

한동희, 2002, 노인학대의 의미와 사회적 개입에 대한 노인들의 인식연구, 한국사회복지학, 50, 193~208.

한은주·김태현, 2000, 노인학대의 원인에 대한 생태학적 연구, 한국노년학, 20(2), 71~89.

한형수, 2011, 한국사회 도시노인의 삶의 질 연구, 청록출판사.

현대사회와 효의 실천방안, 한국노인문제연구소, 2000-01.

효경(孝經), 1989, 박일봉(편역), 육문사.

효적고사(孝的故事), 1997, Singapore: Asiapac Publication.

효행실록(孝行實錄), 1985, 한국노인문제연구소.

황진수, 1995, 한국노인의 복지행정의 전달체계, 박재간 외 편, 고령사회의 위기와 도전, 463~488.

황진수, 2011, 노인복지론, 공동체.

[외국문헌]

Antonucci, T. C., Akiyama, H., & Birditt, K.(2004), Intergenerational exchange in the United States and Japan. (In) M. Silverstein, R. Giarrusso, & V. L. Bengtson, Eds., Intergenerational relations across time and place, Vol. 24. Springer *Annual Review of Gerontology and Geriatrics*.

Allan, G.(1986), Friendship and care for the elderly, *Aging and Society* 6, 1~12.

Antonucci, T. C., & Kahn, R. L.(1993), *Social Network in Adult Life, 1980 [U.S.A.]*, Inter-University Consortium for Political and Social Research, Univ. of Michigan.

Aquinas, T.(1981), *Summa theologica,* Westminster, Maryland: Christian Classics.

Park, B. H.(박병현)(2011), Culture, dominant values, and social welfare in Korea. (In) K. T. Sung, et al. Eds., *Advancing Social Welfare in Korea*. Seoul: Jipmoondang.

Bendix, R.(1967), Preconditions of development. *Aspects of social change in modern Japan,* R. Dore, Ed. Pinceton University Press.

Bengtson, V. L.(1989), The problems of generations: Age group contrast, continuities, and social change. (In) V. L. Bengtson & K. W. Schaie. Eds., *The course of later life,* New York: Springer.

Biegel, D. E., Shore B. K., & Gordon E.(1984), *Building support networks for the elderly.* Beverly Hills, CA: Sage Publications.

Blackstone, A.(1856), *Commentaries on Law of England.* Vol. 1. Philadelphia: Lippincott. Bk. 1, Ch. 8, Sec.1.

Chow, N.(1995), *Filial piety in Asian Chinese communities,* Paper presented at 5th

Asia/Oceania Regional Congress of Gerontology, Honk Kong, 20 November.

Choi, S. J.(최성재)(1999), *A Comparative Study on Long-term Care for the Elderly in Korea and Japan*. Department of Social Welfare, Seoul National Univ.

Choi, S. J.(최성재)(1996), The family and ageing in Korea: A new concern and challenge, *Ageing and Society* 16, 1~25.

Climo, J.(1992), *Distant Parents,* New Brunswick, NJ: Rutgers University.

Connidis, I. A.(1989), *Family tie and aging*. Toronto: Butterworth.

Cowgill, D. O.(1986), *Aging around the World*. Belmont, CA: Wadworth.

Dallet, C. C.(정기수 역)(1966), 조선교회사시론, 탐구당.

De Bary, W. T., & Bloom, I.(1999), *Sources of Chinese Tradition*(2nd Ed.) New York: Columbia Univ. Press

De Vos, G. A.(1988), Confucian family socialization: Religion, morality and propriety. (In) D. J. Okimoto, & T. R. Rohren, Eds., *Inside the Japanese system: Readings on contemporary society and political economy*. Stanford University Press.

Dillon, R. S.(1992), Respect and care: Toward moral integration, *Canadian Journal of Philosophy* 22.

Downie, R. S., & Telfer, E.(1969), *Respect for persons*. London: Allen and Unwin.

Elliott, K. S., & Campbell, R.(1993), Changing ideas about family care for the elderly in Japan, *Journal of Cross-Cultural Gerontology* 8, 119~135.

Emmons, R. A., & McCullough, M. E.(2004), *The psychology of gratitude*. London, Oxford University Press.

Fromm, E.(1974), *The art of loving*. New York: Harper & Row.

Gallo, F.(1984), Social support networks and the health of elderly persons, *Social Work Research & Abstracts* 8, 13~19.

Gouldner, A.(1960), The norm of reciprocity: A preliminary statement, *American Sociological Review* 25, 161~178.

Hashimoto, A.(2004), Culture, power, and the discourse of filial piety in Japan: The disempowerment of youth and its social consequences. (In) *Filial Piety*, Ed., C. Ikels, Stanford University Press.

Heath, A.(1993), *Long distance caregiving*. San Luis Obispo, CA: American Source Books.

Hill, R., & Koenig, R.(1970), *Families in East and West*. Paris: Mouton.

Ingersoll-Dayton, B., & Saengtienchai, C.(1999), Respect for the elderly in Asia: Stability and change, *International Journal of Aging and Human Development* 48, 113~130.

Jarret, W. H.(1985), Caregiving wihin Kinship systems: Is affection really necessary?

The Gerontologist 25, 5~10.

Kant, I.(1964), Gregor, M. J.(Trans.), *Doctrine of right: The Metaphysics of Morals II*. New York: Harper, 123.

Kim, U., Triandis, H. C., Kagitcibasi, C., & Choi, S. C.(1994), *Individualism and Collectivism: Theory, Method and application*. Beverly Hills, CA: Sage Publications.

Legge, J.(1960), *The Chinese Classics*. 3rd Ed. Hong Kong: Hong Kong Univ Press, Bk. 1.

Lewis, R. A.(1990), The adult child and older parents. (In) T. H. Brubaker, Ed., *Family Relationship in Later Life*, Newbury Park: Sage.

Martin, J. S., & Charney, L. M(2006), *Global business etiquette*. Westport, CN: Praeger.

Mehta, K.(1997), Respect redefined: Focus group insights from Singapore, *International Journal of Aging and Human Development* 44, 205~219.

Nicholson, U. T., Trans(2000), *Sutra about the Deep Kindness of Parents and the Difficulty of Repaying It*. B. H. Ch'ih and U. S. Rounds, cert., Ed., Abbot Hua and B. H. Tao, Rev'd by B. H. Tao.

Nodding, N.(1984), *Caring: A feminist approach to ethics and moral education*. Berkeley: University of California Press.

Nydegger, C. N.(1983), The family ties of the aged in the cross-culotural perspective, *The Gerontologist* 23, 26~32.

Ohliner, P. M. & Ohliner, S. P.(1995), *Toward caring society*. Westport, CT: Praeger.

Palmore, E. B., & Maeda, D.(1985), *The Honorable elders revisited*. Durham: Duke University Press.

Payne, B. K.(2011), *Crime and elder abuse: An integrated perspective*. Springfield, IL: C. C. Thomas.

Piaget, J.(1969), *The moral judgement of the child*. London: Routledge & Kegan Paul.

Pillemer, K. A., & Finkelhor, D.(1988), The prevalence of elder abuse, *The Gerontologist* 28, 51~57.

Rawls, J.(2005), *A Theory of Justice*. Cambridge, MA: Harvard Univ. Press.

Rice, E. P.(1984), *The adolescent: Development, relationships, and culture*. Boston: Allyn & Bacon.

Roland, A.(1989), *In search of self in India and Japan: Toward cross-cultural psychology*. Princeton Univesity Press.

Rowe, J. W., & Kahn, R. L.(1997), Successful aging, *The Gerontologist* 27, 433~440.

Simmel, O. S.(2008), *The web of group affiliation*. New Yrok: Free Press.

Sternberg, R. J.(2008), *Cognitive psychology*. New York: Free Press.

Strahmer, H. M.(1985), Values, ethics, and aging. (In) *Values, Ethics, and Aging,* Ed., Losnoff-Caravaglia, 26~40. New York: Human Sciences Press.

Streib, G. F.(1987), Old age in sociocultural context: China and the United States, *Journal of Aging Studies* 7, 95~112.

Sung, K. T.(성규탁)(1990), A new look at filial piety: Ideals and practice of family-centered parent care in Korea, *The Gerontologist* 30, 610~617.

Sung, K. T.(성규탁)(1991), Family-centered informal support networks of Korean elderly: Resistance of cultural traditions, *Journal of Croiss-cultural gerontology* 6, 432~447.

Sung, K. T.(성규탁)(1992), Motivations for parent care: The case of filial children in Korea. *International Journal of Aging and Human Development* 34, 179~194.

Sung, K. T.(성규탁)(1994), Cross-cutural comparison of motivations for parent care, *Journal of Aging Studies* 8, 195~209.

Sung, K. T.(성규탁)(1995), Measures and dimensions of filial piety, *The Gerontologist* 35, 240~247.

Sung, K. T.(성규탁)(1997), Filial piety in modern times. (In) *Aging Beyond 2000,* G. R. Andrews, Ed., *World Congress of Gerontology* Adelaide, Australia.

Sung, K. T.(성규탁)(1998), An exploration of actions of filial piety, *Journal of Aging Studies* 12, 369~386.

Sung, K. T.(성규탁)(1999), *Ideals and practices of family support: Cross-cultural perspe ctives. Keynote speech.* The Asia-Oceania Regional Congress of Gerontology, Seoul, June 2-11.

Sung, K. T.(성규탁)(2000a), *Ideals and practices of family support.* Keynote address presented at The Asia/Oceania Regional Congress of Gerontology, 1998.

Sung, K. T.(성규탁)(2000b), Respect for elders: Traditional forms and emerging trends, *Hong Kong Journal of Gerontology* 14, 331~345.

Sung, K. T.(성규탁)(2001a), Elder respect: Exploration of ideals and forms in East Asia, *Journal of Aging Studies* 15, 13~26.

Sung, K. T.(성규탁)(2001b), Family support for the elderly in Korea, *Journal of Aging and Social Policy* 12, 65~79.

Sung, K. T.(성규탁)(2002), Elder respect among American college students, *International Journal of Aging and Human Development* 55, 367~382.

Sung, K. T.(성규탁)(2004), Elder respect among young adults: A cross-cultural study of Americans and Koreans, *Journal of Aging Studies* 18, 215~230.

Sung, K. T.(성규탁)(2005), *Care and respect for the elderly in Korea, Filial piety in modern times in East Asia.* Seoul: Jimoondang.

Sung, K. T.(성규탁)(2007), *Respect and care for the elderly; The East Asian Way.* Lanham, MD: Univ. Press of America.

Sung, K. T.(1999), *Ideals and practices of family support: Cross-cultural Perspectives.* Keynote Speech, Asia/Oceania Regional Congress of Gerontology, Seoul, June 7～11.

Sung, K. T. & Dunkle, R. E.(2009), How social workers demonstrate respect for elderly clients, *Journal of Gerontological Social Work* 53, 250～260.

Sung, K. T., & Dunkle, R. E.(2009), Roots of elder respect: Ideals and practices in East Asia, *Journal of Aging, Humanities, and the Arts* 3(1), 6-24.

Sung, K. T., Kim, B. J., & Torres-Gil, F.(2010), Respectfully treating the elderly: Affective and behavioral ways of American young adults, *Educational Gerontology* 36(2), 127-147.

Sung, K. T.(성규탁) & Kim, B. J.(김범중)(2009), *Respect for the elderly: Implications for human service providers,* Lanham, MD: Univ. Press of America.

Sung, K. T., & Kim, H. S.(성규탁 · 김한성)(2003), Elder respect among young adults: Exploration of behavioral forms in Korea, *Ageing International.* 28, 279～294.

Taylor, S. E., Peplau, L. A., & Sears, D. O.(1988), *Social psychology.* Better World Books.

Teaching of Buddha(1984), *Buddhist Promoting Foundation.* Tokyo: Bukkyo Dendo Kyokai.

Tamura, T., & Lau, A.(1992), Connectedness versus separatedness: Applicability of family therapy to Japanese families, *Family Process* 31(4), 319～340.

Triandis, H. C.(1972), *Analysis of subjective culture: An approach to cross-cultural social psychology.* New York: Wiley.

Tu, W. M.(杜維明)(1995), Humanity as embodied love: Exploring filial piety in a global ethical perspective, (In) *Filial Piety and Future Society.* Gyunggido, Korea: The Academy of Korean Studies.

Ward, R. A.(1985), Informal networks and well-being in later l life: A research agenda, *The Gerontologist* 25(1), 55～61.

Wenger, G. C.(2002), Using network variation in practice: Identification of support network type, *Health and Social Care in the Community* 10, 28～35.

Yoon, H. S., & Cha, H. B.(윤현숙 · 차흥봉)(1999), Future issues for family care of the elderly in Korea, *Hallym International Journal of Aging* 1, 78～86.

찾아보기

(ㄱ)

가정윤리 14
가정을 바로 잡는 길 17
가족가치 57
가족과 돌봄 48, 105
가족망 108
가족영속 도모 232
가족원 22
가족원의 돌봄: 문화적 차이 91
가족을 위한 돌봄 154
가족을 화합시킴 231
가족의 돌봄의지 106
가족의 자조(自助)능력 266
가족의 지원기능 50
가족의 체면유지 232
가족적 자아(自我) 47, 247, 248
가족주의적 성향 45, 251
가족중심적 돌봄의 유형 152
가족중심적 생활양식 14
가족지원(국가의) 116
가족지원망 49, 189
가족회의 184
감사(부모은혜에 대한) 23, 35, 38, 40,
    41
감사의 성(聖)스러움 40, 42
개인적 돌봄 153
개인주의 247
거리를 극복하기 위한 노력 119
거택(居宅)돌봄 106
겸손 100
경장자유(敬長慈幼) 15
경전(經典)(禮記, 論語, 孟子, 孝經,
    中庸, 大學 등) 218
경전(經典)에 담긴 효 217

경험적 자료 51
계(契) 27
고귀한 돌봄(부모의) 40
고령자/노인 33, 47, 107, 152, 155,
    167, 197, 204, 209, 269
고령자가 필요로 하는 돌봄 151
고령자를 위한 서비스 204~206
고령자를 위한 시설 207
고령자의 안녕 155, 197
공동사회복리 27
공생(共生) 50
공자(孔子) 14, 19, 30, 33, 53, 96,
    100, 220
교환관계 22
권위주의적 인간관계 268
권한행사(자녀에 대한) 57
귀귀(貴貴) 15
기독교윤리 34
기독교의 사랑 36
기본적 가치 270

(ㄴ)

내면적 돌봄 52, 83
내면적 돌봄의 보기 86
내면적 돌봄의 중요성 88
넓은 사랑 36
노인/고령자 108, 113, 154, 156,
    169, 198, 204, 206, 207, 258
노인단독가구 109
노인봉사단체 213
노인인구 109
노후대책 167

(ㄷ)

대효존친(大孝尊親) 21
도덕윤리 33
도덕적 시각 38
도의심 16
도의적 의무 36
돌보는 방식 107
돌보는 이유 232, 234
돌봄 222
돌봄의 균형(均衡) 문제 53
돌봄의 의무수행 85
돌봄의 종국적(終局的) 단계 130
돌봄의 종류 154
돌봄의 차원(내면적, 외면적) 86
돌봄의 회전 45
동거하는 부모/자녀 112
동아시아나라 16
동아시아문화 41, 47, 49, 102
동아시아문화권 265
동아시아문화의 '나' 250
동아시아문화적 특성 51
동아시아사람들의 특성 260
동양문화 220
동양사회의 전통적 폐쇄성 270
동정함 233
동학(東學) 15
떨어져 사는 자녀와 돌봄 119

(ㅁ)

맹자 16, 17, 21, 47, 230
먼저 대접 68, 225
명심보감 20, 44
몸가짐 223
못다한 일의 보상 233
문명된 정도(나라의) 36
문화적 가치 16, 41
문화적 관습 51, 113
문화적 맥락 48, 114
문화적 맥락에 따른 돌봄 95
문화적 배경 261

문화적 영향 265
문화적 유산 272
문화적 전통 220
문화적 특성 42

(ㅂ)

발전적 서로돌봄 269
방문(부모)중에 할 일 178
방문(부모, 귀성)여행 175
변화와 적응 268
별거생활 111
보(報) 23
보살핌 73
보살핌으로 하는 존경 63
복지욕구 53
부모돌봄 19
부모돌봄의 전통적 뜻 219
부모돌봄의 전통적 실천 219
부모를 돌보는 이유: 전통적 가치 231
부모부양책임법 115
부모은중경 35
부모은혜 37
부모의 건강 128
부모의 권위 존중 271
부모의 인적사항 179
부모의 재정사항 180
부모자녀관계 21
부양 26
부양자 26
분산된 가족과 돌봄 110
분산된 가족원들 110
불교경전 42
비즈니스예절(business etiquette) 100

(ㅅ)

사랑 39
사랑의 고귀함 43
사랑의 특수성 21
사명감 39
사친(事親) 21

사회계층 99
사회공동체 26
사회관계 25
사회보장제도 51
사회복지기관/시설 168, 203
사회복지사의 지원 212
사회복지서비스 107, 114, 168, 202
사회복지체제 26
사회안정 25
사회적 교환 37
사회적 기대 36
사회적 변동과 돌봄 112
사회적 안녕 156
사회적 지원 활용 266
사회적 지원망 49, 186
사회적 지원망의 차원과 규정 190
사회화(어린이의) 36
사회화(예의바른 행동의) 113
상부상조 27
상장례 225
상호의존 22, 25, 28, 44, 46, 248
새로운 노인상(老人像) 269
새마을운동 28
생명경외(敬畏) 31
생명체 사랑 30
생의 주기 48
생일축하 74, 224
생활만족도 25
생활양식의 변화 105
생활윤리 218, 265
생활환경 158
서(恕) 21
서로 돌보는 공동체 268
서로 돌봄 15, 16, 20, 23
서로 돌봄 과정 46
서로 돌봄 성향 45
서로 돌봄관계의 재정립 265
서로 섬김 95
서로 존경하는 방식 64
서양문화 47

서양복지국가들의 어려움 115
서양사람 49
서양사상 64
선물 76, 224
섬김, 섬기다 60, 82, 97
성선설(性善說) 30
세대관계 15
소년-청년기 46
소년기 36
수단적 의존 48
수정대가족 249
순종 67, 222
시대적 변화 264
신사도(gentlemanship) 98
신체적 안녕 166
심리적 안녕 159

(ㅇ)

애물(愛物) 30
양방향적 관계 268
어김이 없음 53
어린이 47
어머니의 보호 47
어머니의 희생 33
역할갈등(자녀의) 119
예(禮) 27, 35, 43, 85, 95, 100, 218,
 227
예의 기본원리 97
예의 실현(효) 98
예의 일반화 99
예절 32, 39, 60, 95
외면적 돌봄 52, 83, 86
외면적 돌봄의 보기 86
외면적 차원의 중요성 93
외모를 갖춤 72
욕구(복합적) 166
우리의식 46, 64
우리자아 신념 248
위급할(부모가) 경우(예) 171
위급할(부모가) 때의 돌봄 170

윗자리 제공　73, 222
유교　30
유교경전　20
유대문화　39
유언작성　180
유학자　14, 16
윤리　13
윤리도덕적 시각　32
윤리적 규범　46
윤리적 원칙(서로돌봄의)　21
율곡(栗谷, 李珥)　14, 15
은혜(부모의)　17, 42
은혜를 갚음　232
은혜보답　34
은혜의 고귀함　43
음식대접　69
의논　68
의논 및 상담　223
의무/책임　17, 31, 34, 37, 39, 41, 42,
　　49
의존　44, 47
의존(수단적)　46
의존(정서적)　46
의존적 관계　45
의존정도　46
이스람문화　39
이웃고령자 존경　75, 226
이웃공동체　248
이웃지원망　189
인(仁)　13, 20, 30, 37, 217
인간문화중시　13
인간애　14, 29, 31, 34, 264
인간존중　264
인간주의적　27
인과응보(因果應報)　22
인내천(人乃天)　13
인민(仁民)　30
인사　26, 28, 29, 64
인습고수적　268
인의 사상　33

인의 실현　265
일본노부모의 자녀와의 교환　92
일본인의 가족관계　52
일상생활기능(ADL)　162
일상수단적 생활기능(IADL)　164

(ㅈ)

자(慈)　15
자기실현　247
자녀양육　18, 107
자발적 발생(서로돌봄의)　29
자비(불교)　36
자식의 병　18
자아(自我)(공동사회지향적)　28
자아감　50
자원봉사　29, 115
자조능력(自助能力)(가족의)　57
장기질환　111
장례　77
전통적 가치　13
전통적 예절　100
전통적 존경방식　236
전화통화　120
접착제(도덕적)　38
정기적 방문　123
정서적 돌봄　220
정서적 의존　48
제공해야 할 돌봄　127
조상숭배　226
조상숭배/존경　80
존경　97, 219
존경방식　60, 62, 63
존경방식: 현대적 방식　239
존경방식의 지적빈도 및 중요성 비교
　　(한국, 중국, 일본)　260
존경의 자동적 표현　112
존경의 전통적 방식　238
존경표현방식의 변화　81
존경함　230
존귀(尊貴)　18

존댓말 72, 223
종교적 믿음으로 돌봄 234
주거형태와 돌봄 109
주거형태와 사회관계 159
주고받는 것의 균형 54
증자(曾子) 32
지역사회를 위한 돌봄 156
지역사회의 화합을 이룸 234
지원망(부모의) 정비 211
지원망들 간의 관계 198
지원망의 특성 196
지원망조사 193

(ㅊ)
책임(돌보아야 할) 59, 108, 116
책임(자녀의) 25, 33, 39, 41, 113
책임/의무 108
책임성 131
책임성있는 돌봄 56
책임을 짐 233
천성(天性) 17
천윤(天倫)의 관계 120
청년기 38
측은지심(惻隱之心) 22, 33, 229
측은지심: 인(仁)의 표현 229
친구지원망 191
친밀성 39
친사회적 행동 38
친척지원망 191
친친(親親) 32

(ㅋ)
커뮤니케이션(노부모와의) 111

(ㅌ)
퇴계(退溪, 李滉) 16, 17

(ㅍ)
포괄적 돌봄체계 118

(ㅎ)
한국의 가족원들 113
한국인의 가족 중심적 성향 251
한국인의 가족태도 255
한국인의 문화적 가치 65
한국인의 사회심리적 신념 250
한국인의 성향 63, 103
향약(鄕約)과 계(契) 28
협회지원망 191
호혜(互惠) 23
호혜적 관계 23, 24, 46
호혜적 서로돌봄 45, 267
호혜적으로 돌보는 공동사회 272
홍익인간(弘益人間) 15
효 16, 19, 22, 26, 32, 33, 77, 80, 97,
     101, 114, 138, 219, 232, 253,
     272
효경 19
효도 19
효실행방법의 수정 268
효자 86
효행 35, 80, 101, 157, 216
효행방식 261
효행상 232
효행상수상자 232
효행실록 232
효행의지 26, 58
효행이유 26
효행장려법 115
희생(자녀의) 58
희생심 25
희생적으로 보살핌 233

찾아보기(영문)

agape 36
automatic respect 112
burden 56
business etiquette 98
care and respect 280
cement 38
e—mail 79, 211, 213
emotional dependence 46
familial self 28, 50, 247
gentlemanship 98
heilige Pflicht 42
individual self 247
instrumental dependence 46

moral memory 38
needs 53
network 188, 189
NGO 188
reciprocal principle (the) 25
reciprocity 21
setting 246
simbiosis 247
Spearman Rho 233
symbolical respect 244
timing 53
values 13
we self 28

성규탁(成圭鐸, 仁谷, Kyu-taik Sung) ───────

서울대학교 문리과대학 학사, 석사
미국 미시건대학교(앤아버) 사회사업대학원 석사, 박사

전) 미국 위스콘신대학교(매디슨) 사회사업대학원 교수
　연세대학교 사회과학대학 사회복지학과 교수
　연세대학교 사회복지연구소 소장
　미국 시카고대학교 Fellow(연세대학교 은퇴)
　미국 미시건주립대학교 사회사업대학원 교수
　미국 남가주대학교(USC) 사회사업대학원 석좌교수
　미국 미시건대학교 사회사업대학원 초빙교수
　Elder Respect, Inc. 대표(www.elderrespect.org)

현) 자광재단 효문화연구소 대표
　한국사회복지사협회 원로회 공동위원장
　한국사회복지협의회 발전위원회 고문
　세계노년학·노인의학대회조직위원회 고문

e-mail: sung.kyutaik@gmail.com

저서(국내)
『새 時代의 孝』(연세대학술상 수상, 1995)
『새 시대의 효 I』(아산효행상 수상, 1996)
『새 시대의 효 II』(문화공보부 추천도서, 1996)
『새 시대의 효 III』(1996)
『현대한국인의 효』(2005)
『한국인의 효 I - 이어지는 전통과 변하는 실천』(2010)
『한국인의 효 II - 시대의 변화와 실천의 유형』(2010)
『한국인의 효 III - 새 시대의 어른 존경』(2010)
『한국인의 효 IV - 따로 사는 자녀와 실천』(2010)
『한국인의 효 V - 보살핌을 주고받는 세대관계』(2010)
『어른을 존중하는 중국, 일본, 한국 사람들 - 새 시대의 실천방식』(2011)
『어떻게 섬길까 - 동아시아인의 에티켓』(2012)
『사회복지행정론』(2003)
『사회복지행정조직론』(1992)
『사회복지론』(1992)
『정책평가』(1993) 외

저서(국외)

Care and respect for the elderly in Korea: Filial piety in modern times in East Asia(2005).
Respect and care for the elderly: The East Asian Way(2007).
Respect for the elderly: Implications for human service providers(2009).
Advancing social welfare: Challenges and approaches(2011).
Treating the elderly with respect in East Asia and America(2012).

논문(국내)

한국노년학
사회복지학회지
한국정신문화연구원논총
한림과학원총서 등에 발표

논문(외국)

The Gerontologist
Journal of Aging Studies
International Journal of Aging & Human Development
Journal of Gerontological Social Work
Journal of Social Service Research
Administration in Social Work
Health and Social Work 등에 발표

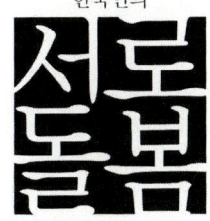

한국인의

서로 돌봄

사랑과 섬김의 실천

초 판 인 쇄 | 2013년 1월 3일
초 판 발 행 | 2013년 1월 3일

지 은 이 | 성규탁
펴 낸 이 | 채종준
펴 낸 곳 | 한국학술정보㈜
주   소 | 경기도 파주시 문발동 파주출판문화정보산업단지 513-5
전   화 | 031) 908-3181(대표)
팩   스 | 031) 908-3189
홈 페 이 지 | http://ebook.kstudy.com
E－m a i l | 출판사업부 publish@kstudy.com
등   록 | 제일산-115호(2000. 6. 19)

ISBN   978-89-268-3995-9 13190 (Paper Book)
           978-89-268-3996-6 15190 (e-Book)

이담
Books 는 한국학술정보(주)의 지식실용서 브랜드입니다.